ROLAND KELLER

KARL VALENTIN

UND SEINE FILME

Originalausgabe

WILHELM HEYNE VERLAG
MÜNCHEN

HEYNE FILMBIBLIOTHEK
Nr. 32/239

Herausgeber: Bernhard Matt
Redaktion: Rolf Thissen

Copyright © 1996
by Wilhelm Heyne Verlag GmbH & Co. KG, München
Printed in Germany 1996
Umschlagfoto: Bilderdienst Süddeutscher Verlag, München
Rückseitenfoto: Bilderdienst Süddeutscher Verlag, München
Herstellung: H + G Lidl, München
Satz: Fotosatz Völkl, Puchheim
Druck und Verarbeitung: Ebner Ulm

ISBN 3-453-10859-0

Inhalt

Komisch, tragisch, valentines 7
Ein Weiterleben im Kino 17
Karl Valentin, Filmunternehmer 21
Der Schreck der Au 27
Als noch niemand über Chaplin lachte 32
Valentin entdeckt Liesl Karlstadt 39
Münchner Kulturhumus und Tingeltangel 45
Augenzeugen 56
Stumme Slapstick-Stürze ins Kino 67
DADAistische Ausflüge 75
Verschollenes *Fernkino* 80
Vom Oktoberfest zum »Sonderling« 82
Alles nur Theater – Die ersten Tonfilme 89
Der Kunde stört nur! – oder Arbeitsmoral *Im Fotoatelier* (1932) 92
Die Tücken der Musik 96
Die Vorstadt gegen das Grand-Hotel 100
Der Saboteur – Verhinderungen auf höchsten Niveau 103
König Kunde und Anarchist 107
Ein Hoch auf den Handwerkerstand 110
Gegen die Zuschauer 113
Kleinbürger-Räusche und Kunst ohne Ende 117
Valentin bleibt Sieger 123
Der Spaß mit dem Elend 130
Die Macht der Dinge 134
Unsterblicher Valentin 139
Das Elend mit dem Film 142
Senden ist nicht gleich Senden 148
Zum Schluß ein Beruhigungsmittel 151
Kämpfe gegen das Vergessen 153
Der Sargtischler 156
Es gibt ein Leben nach dem Tod 158
Biographisches aus dem Leben von Karl Valentin 161
Filmographie der vorhandenen Filme 165
Verschollene Filme 186
Register 191

DANKSAGUNGEN

Dem Herausgeber Bernhard Matt für seine Geduld; Hochschule für Fernsehen und Film München, Bibliothek; Rechtsanwalt Gunther Fette; endfilm Christian Meinke; Franz Seitz; Bobby Arnold; Kinowelt Verleih; KirchGruppe; Filmmuseum im Münchner Stadtmuseum

Komisch, tragisch, valentinesk

Brecht, Tucholsky, Feuchtwanger und andere bekannte Zeitgenossen nannten Karl Valentin mit Charlie Chaplin in einem Atemzug. Nicht zu Unrecht, denn wohl kein anderer deutscher Komiker hat im Film jemals die Genialität eines Chaplin oder Buster Keaton erreicht, kein anderer das Unzulängliche und Allzumenschliche unseres Daseins besser und allgemeinverständlicher dargestellt als Valentin. Ein deutscher Chaplin ist Valentin deswegen aber noch lange nicht. Vergleichbar ist er höchstens in den Stummfilmen mit seinen Slapstick-Kollegen aus Hollywood. In seinen Tonfilmen kommt mit dem valentinesken Einsatz der Sprache ein Element hinzu, das ihn endgültig zu einem ori-

Don Valentin im Kampf mit der Tücke einer Wippe: ›Die lustigen Vagabunden‹ (1913)

ginären, unvergleichlichen Komiker macht: Kein anderer Komiker hat die Sprache so konsequent genutzt wie Valentin – und nirgendwo anders verbirgt sich hinter der Komik so tiefe menschliche Tragik.

Der Kritiker Alfred Kerr erfand für Valentin die Hilfskonstruktion »Wortzerklauberer«, Kurt Tucholsky entwarf die mathematische Satzgleichung »Komik der irrationalen Potential-Sätze«.

Valentin war vor allem ein hervorragender Analytiker der Sprache. Kaum ein anderer hat es geschafft, sprachlich mit Stumpf-, Tief- und Blödsinn so traumwandlerisch sicher umzugehen wie er – ohne daß dabei jemals nur Blödsinn herausgekommen wäre.

In Anspielung auf seine Gestalt nannte man Valentin auch schon mal Don Quichotte von der Isar. Der Vergleich mag hinken, denn anders als Don Quichotte gab sich Valentin nie als Idealist. In seiner Sprache und seinen Aktionen liegt jedoch etwas von dieser Vergeblichkeit und der Radikalität, mit der Don Quichotte gegen die Realität ankämpft. Beide, Valentin und Quichotte, liegen mit ihrer Umwelt in ständigem Kampf, der nie zum Sieg über sie führen wird.

Seine Wurzeln hat Valentin im Münchner Volks-sängerstand, was wenig mit Volkslied und Gesang zu tun hat, eher etwas mit dem populären Amüsement in Vorstadtbühnen und Wirtshäusern vor der Radio- und Fernsehzeit. Auf diesen Münchner Brettern und in seinen Wanderjahren als Tingeltangel-Darsteller bildete er seine unvergleichliche Wirkung auf das Publikum heran.

Ein Glück, daß seine Filme nicht allein von seinen vielen Bühnenstücken und Sketchen lebten, sondern auch von seinen direkten Erfahrungen mit dem Publikum. Für Valentin war es vor allem wichtig, daß seine Komik zündete. Ob er aus Liebe zum Publikum seine Pointen in den Zuschauerraum warf oder um einfach ganz persönlich ein Hochgefühl zu erleben, bleibt offen. Den Spaß, den der Misanthrop Valentin seinen Zeitgenossen bereitete, war für ihn wohl oft so etwas wie ein Abfallprodukt.

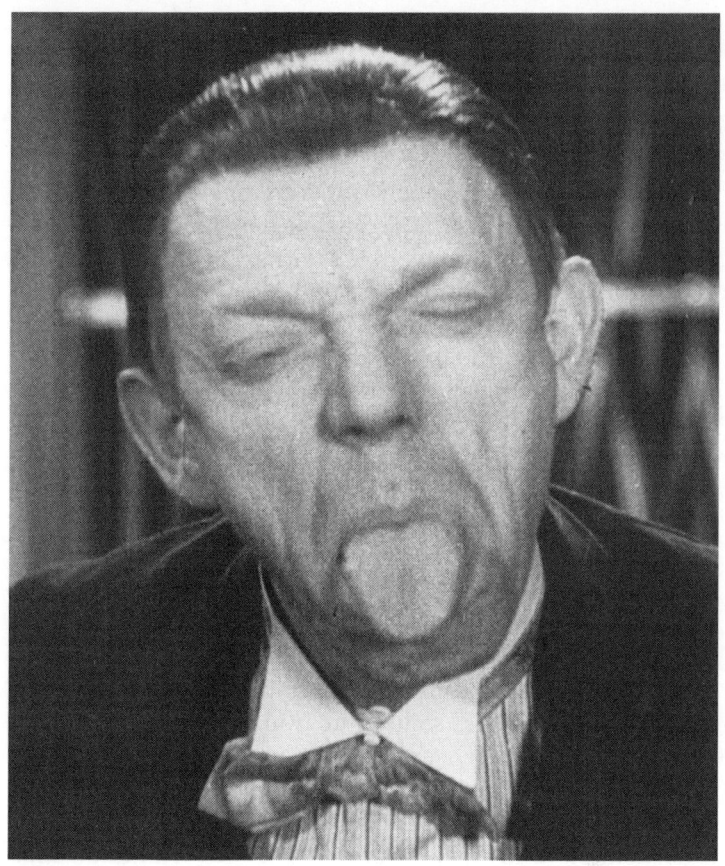

Valentin als Volksfeind? (›Im Schallplattenladen‹, 1934)

Der Filmhistoriker Thomas Brandlmeier schildert in seinem Band »Filmkomiker« Valentin als »Der Volkssänger als Volksfeind«. Das mag im ersten Moment irritieren. Doch Brandlmeier hebt damit auf die Tatsache ab, daß Valentins Zielscheibe genau das Milieu war, das ihn hervorgebracht hat.
Weg also mit dem fröhlichen Lokalkolorit, mit dem Valentin heute in der Münchner Frem-denverkehrswerbung auftritt, ohne sich dagegen wehren zu können. Das tat er dafür um so

mehr bei seinen Auftritten, wie der Schriftsteller Lion Feuchtwanger überliefert: »Jetzt schimpft er auf die Hammel, die sich an ihm ergötzt hatten. Er hatte nichts davon. Glaubt man etwa, daß ihm seine Späße Spaß machten? Einen Schmarren.«
Auch in seinem Privatleben war Valentin ein Sprachfanatiker, der auf Sprachwirkung aus war und sich zufriedengab, wenn er sein Gegenüber verdutzt zurücklassen konnte.
Umstritten war Valentins originäres Talent als Komiker nie, doch erst lange nach seinem Tod entdeckte man ihn als den einzigen deutschen Filmkomiker von Weltrang, und das, obwohl er nur knapp 40 meist kurze Filme hinterlassen hat.
Der Film und die Schallplatte waren Valentins große Chance, über den engen Radius eines Wirtshausauftrittes Zuschauer zu erreichen. Schon früh interessierte er sich für das neue Medium Film.
Man mag bedauern, daß UFA und Bavaria wenig Geschmack an Drehbüchern von Valentin fanden, die er ihnen angeblich dutzendweise geschickt hat. Was ist uns da alles entgangen? Aber würde mit reinen Valentinfilmen in Kinolänge Valentin überhaupt noch Valentin, der Meister der kurzen Groteske, sein? Und wäre er nicht zu einem Faktotum der reichsunmittelbaren Humorproduktion mutiert? Billige, oberflächliche Späße für ernste Zeiten waren nie seine Sache. Sein anarchischer Humor, sein Linksdenken und seine Verhöhnung des Rationalismus wären schnell an die Schranken gestoßen – nicht nur bei den Nazis. Die Legende überliefert, daß er 1926 einen Ruf nach Hollywood bekam.
Die Frage ist heute müßig, ob er den Stummfilm am Sunset Boulevard überlebt und seine Sprachkunst ins Amerikanische hätte retten können.
Nun, der Apparat wollte ihn nicht – und er wollte den Apparat nicht. Anpassung war nicht seine Sache. Er wollte seine Filme ohne Kompromisse machen.
Dies ist ihm oft gelungen. Wenn es ihm auch nicht immer gelang, den ganzen Film zu beeinflussen, so doch immer

Opfer von Sachzwängen: ›Karl Valentin und Liesl Karlstadt auf der Oktoberfestwiese‹ (1923)

seine Rollen und Auftritte. Dort bleibt sich Valentin in der Regel treu.
Valentins Filme über einen Kamm zu scheren wäre falsch: Da sind die frühen Stummfilme, die auf Slapstick und Pantomime setzen und beweisen, daß der Schlangenmensch Valentin auch Situationskomik großartig beherrscht. In diesen frühen Filmen wird er oft Opfer von Sachzwängen. Später ignoriert er in seinen Filmen die Sachzwänge einfach, um als Sand im Getriebe zu agieren.
»Nieder mit den Zwängen« heißt es in der reifsten Form, wenn er als genialer Verhinderer auftritt und Konzerte und Theaterauftritte boykottiert. Seine Waffe, die er hierbei virtuos zu großartigen Überraschungsangriffen in den

Tonfilmen einsetzt, ist die Sprache. Die hohe Zeit der Valentin-Filme sind die ersten beiden Drittel der 30er Jahre – in dieser äußerst produktiven Zeit entstehen seine großen Tragikomödien.

Im Mittelpunkt steht hier das Elend des Kleinbürgers, das sich am besten im *Firmling* und der *Erbschaft* ausdrückt. Das sind Filme zum Lachen und zum Weinen – und voll rabenschwarzen Humors. *Der Theaterbesuch* von 1934 gehört zu den besten Studien der kleinbürgerlichen Ehe.

Neben den originären Valentin-Filmen finden sich auch noch leichte Schwänke, Spielfilme und Humoresken, die Spuren seiner Arbeit zeigen oder erahnen lassen.

Für Valentin spricht bei den Gastauftritten, daß er eigentlich immer aus der vorgegebenen Rolle fiel, seine Dialogsätze

Ein Scharfschütze stapelt hoch: Valentin in ›Es knallt‹

selbst erfand und den Filmen somit seinen Stempel aufdrückte.
Bei seinen Filmberufen ist Karl Valentin in der Regel dem bürgerlichen Leben verhaftet geblieben. Seine Musiker-Protagonisten haben sich nie in geniale musikalische Höhen verirrt. Sie spielten nicht mehr und nicht weniger als auf dem Blatt stand. Lieber schon weniger. Oder schon gar nicht. Denn meist verhindern sie Auftritte und Aufführungen.
Nur einmal stapelt er hoch, allerdings eher gegen seinen Willen. Als Kunstschütze Fürst wird er in *Es knallt* in die feine Gesellschaft gelockt. Versprochen wird ihm ein gutes Essen. Er weiß nicht, daß er als Ersatz-Hochzeitskandidat für einen echten Fürsten einspringen soll und unternimmt natürlich nichts, um seine wahre Identität zu verschweigen. Ihn interessiert nichts außer gut zu essen und zu trinken – auch nicht, daß er hier mißbraucht wird. Die Entrüstung der Heiratsvermittlerin (Adele Sandrock) über seinen angeblichen Betrug kann er nicht verstehen, zumal seine krachledernen Manieren während des Essens als Marotten eines echten Fürsten gedeutet werden.
Das Kind aus der Münchner Vorstadt Au, das großbürgerliche Verhaltensweisen verachtet (und sich dennoch nach Größe sehnt), ist er in seinen Filmen stets geblieben. Klare, bodenständige Rollen waren sein liebstes Fach. Als Elektriker in *Der verhexte Scheinwerfer* genießt er es regelrecht, daß ohne ihn nichts geht. Hier bekommt endlich der Handwerker seinen großen Auftritt. Als Musiker ist Valentin ein genialer Verhinderer seiner Kunst und als Kunde ein gefährlicher Anarchist.
Seine kurzen Filme sind nicht nur ein Zeugnis für seinen grotesken Humor, seine eigenwillige Sicht der Dinge und der Realität, sondern auch für seine eigentliche Arbeit – die eines populären Münchner Volkssängers, der in einfachen Lokalen das wiedergibt, was das Leben dem Herrn Nachbar so alles einschenkt. Das Bayernklischee, genährt vom Bauerntheater, will allerdings bei ihm nicht greifen – er ist

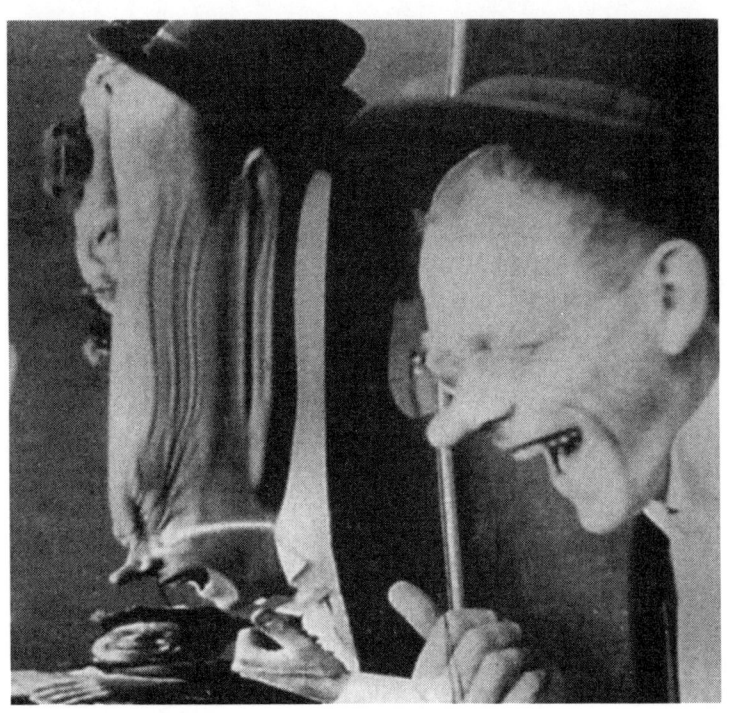

Verquerer Humor ...

durch und durch ein Städter, besser gesagt ein Vorstadtgewächs, das hier zeit seines Lebens verwurzelt war: Dort kam er her, von dort kam sein Publikum.
Zeitgenossen berichten, daß sein Linksdenken nicht auf die Bühne beschränkt war – daß er dieses Denken wohl mehr und mehr zu seinem Prinzip im alltäglichen Verkehr machte. Als ihn ein Bekannter bat, ihn doch am Tegernsee zu besuchen, antwortete Valentin: »Das geht nicht!« – »Warum?« – »Ich kann doch nicht schwimmen«, war seine Antwort. Wer an einen See fährt, der muß gut gewappnet sein. Er könnte ja reinfallen.
»Spiegel«-Redakteur Hellmuth Karasek spannte für Valentin eine geistige Achse Wien–München und bezeichnete ihn als das größte Clown-Genie nach Nestroy. Für den

bayerischen Schriftsteller Oskar Maria Graf war Valentin der münchnerischste aller Münchner. Ob damit der Emigrant Graf allerdings der Stadt München ein Lob aussprechen wollte, sei dahingestellt. Ihm dürfte nicht entgangen sein, daß Valentin kein ungebrochenes Verhältnis zu seiner Geburtsstadt hatte.

Valentin war ein Volksschauspieler, der nichts Volks-tümelndes und im Dritten Reich nichts Völkisches an sich hatte. In seinen Filmen gab es nichts Versöhnliches und schon gar nichts, was Politiker für sich ausschlachten konnten. Im Gegenteil: Valentins Werk ist von einem starken Mißtrauen gegen seine Umwelt geprägt. Das Lachen bleibt einem immer wieder im Halse stecken. Der Ausdruck von Brecht, Valentin sei ein »blutiger Witz«, mag übertrieben sein. Doch angesichts der Schwierigkeiten, mit denen er sich jeder Einordnung in Humor- und Komikklischees entzog, war das immerhin ein brauchbarer Versuch, Valentin in seiner Gesamtheit zu erfassen.

Um den ganzen Valentin zu verstehen, sollte man etwas über Münchner Grantler und andere Vorstadtgewächse wissen – und, dem Trubel des Oktoberfestes entkommen, nach dem Genuß von zwei Maß Bier, den *Firmling* anschauen, damit man ein Gefühl für Valentins verqueren, sperrigen und oft bösen Humor bekommt.

An sich sind diese Niederungen des Lebens eher traurig als grotesk, mehr zum Weinen als zum Lachen. Doch Valentin, seit seiner Kindheit im Münchner Glasscherbenviertel Au mit allen Stufen kleinbürgerlicher Lebenslagen vertraut, wußte instinktiv, daß es nur eine einzige Chance gibt, dem grauen Alltag der Vorstädte und des kleinbürgerlichen Miefs zu entfliehen: diese Welt der Lächerlichkeit preiszugeben. Er selbst ist dieser Welt nie richtig entkommen, dafür haben auch seine Hypochondrie, seine Angst vorm Reisen und sein Sicherheitsfanatismus gesorgt.

Sein Erfolg baut auf seine Menschenkenntnis und die Nähe seiner Stücke und Filme zum Leben seiner Zuschauer. Er verhält sich gar nicht viel anders als die Masse: Wenn er in

seinen Filmen eine Chance für sich sieht oder eine Schwäche beim Gegenüber erkennt, wird er keck. Gilt es in die Defensive zu gehen, stellt er sich einfach blöd. Große Wirkung erzielt er auch, indem er zwischen beiden Haltungen hin und her springt.
Gute Komiker haben im Leben und auf der Bühne nichts zu lachen. Das hat Valentin mit Buster Keaton und anderen Kollegen gemeinsam. In diesem Berufsstand scheint der Grundsatz zu gelten, wenn die Komiker lachen, dann gibt es für das Publikum wenig zu lachen. Auch Valentin hielt sich daran.
Präziser und knapper, als es der Kritiker Franz Blei 1925 in der Berliner »B. Z.« formulierte, kann man den Künstler Valentin kaum skizzieren:
»Er ist weniger als ein Schauspieler, denn er spielt keine Rollen. Er ist mehr als ein Schauspieler, denn er ist das, was er ›spielt‹ … rasch eingeordnet ist er ein Komiker, aber er ist eigentlich gar nicht komisch, sondern tragisch.«
Alles klar?

Ein Weiterleben im Kino

»Aber daß ein Mensch, der bereits das Diesseits verlassen hat, nicht nur im Jenseits, sondern auch im Diesseits und nicht nur seelisch, sondern genau wie er gelebt hat, weiterlebt, habe ich erst im Kino in einem älteren Film gesehen, in welchem ein vor Jahren verstorbener Schauspieler seine Rolle heute noch spielt. Es gibt also in unserer Gegenwart zwei Weiterleben nach dem Tod: eines im Jenseits und eines imKino.
Aus Valentins philosophischen Betrachtungen »Im Jenseits«.

Schöner und prägnanter hätte Karl Valentin die Qualität des neuen Mediums, in dessen Kindertage er hineingeboren worden war, kaum ausdrücken können.
Wahrscheinlich war es diese konservierende Möglichkeit des Mediums, das ihn, der sein Leben lang als Hypochonder und Unheilsahner verschrien war, mit der komplizierten und gefährlichen Technik des Filmens anfreundete – schließlich konnte das Nitro-Filmmaterial seinerzeit noch explodieren.
Vielleicht, dachte er, dient das Zelluloid-Bild beim Weiterleben nach dem Tod im Jenseits zumindest als Beweis, daß man gelebt hat.
Möglicherweise dachte Valentin aber auch ganz profan daran, daß mit dem neuen Medium Film seine Kunst leichter unters Volk zu bringen war. Denn eines liebte er überhaupt nicht: Reisen. Davon konnten Theater-Prinzipale und Produzenten ein Lied singen. Taxifahrern gab er das Trinkgeld im voraus, damit sie ja nicht schneller als 20 Kilometer die Stunde fuhren.
Nach einer Anekdote, die der Regisseur Max Ophüls überliefert, mit dem Valentin 1932 den Langfilm *Die verkaufte Braut* gedreht hatte, war Valentin im gleichen Jahr mit der UFA in Babelsberg über ein Filmengagement einig geworden. Jetzt stand nur noch die Frage der Reise nach Berlin

offen. Valentin versteigt sich in die Idee, in der Lokomotive fahren zu müssen, damit der Lokführer ja kein Signal übersieht. Tatsächlich erhält die UFA die Genehmigung. Doch nun scheint Valentin die Lok auch zu unsicher. Er telegrafiert: »Mag net. Ich möcht in München sterben.« An der Isar grantelt er dann lieber darüber, daß ihn die heimische Bavaria in Geiselgasteig nicht besser beschäftigt, obwohl er »arisch« sei.

Von den braunen Machthabern hielt er sich fern.

Abgesehen von dem Versuch, seine umfangreiche Fotosammlung historischer Münchner Häuser an Hitler über dessen Leibfotografen zu verkaufen. Valentin war auch schon so gut wie handelseinig; als Hitler jedoch erfuhr, daß Valentin den gesamten Betrag in neue Filme investieren wollte, versuchte er dies zu verhindern und bot ihm eine lebenslange Leibrente von monatlich 1000 Mark an. Valentin zog daraufhin sein Verkaufsangebot zurück.

In der zweiten Hälfte der 30er Jahre bekam er den harten Arm des Propagandaministeriums zu spüren. Der 1936 entstandene Film *Die Erbschaft* wurde wegen der »Elendstendenzen« verboten. Für Valentin bedeutete das Verbot zwar keine unmittelbare Gefahr für Leib und Leben. Es wirkte jedoch letztendlich wie ein Arbeitsverbot, da kaum ein Produzent mehr Lust hatte, Geld in Projekte zu stecken, deren freie Kinoauswertung nicht gesichert war.

Als 1944 ein Regisseur Valentin um Filmaufnahmen für einen UFA-Film bat, erwiderte er mit der KZ-reifen Antwort, daß er erst zu diesen Aufnahmen bereit sei, wenn die Amerikaner in München einmarschiert seien. Doch niemand krümmte ihm ein Haar. Als ihn ein Jahr später der Regisseur erneut bat, nun zu Aufnahmen zur Verfügung zu stehen, erklärte er, daß die Amerikaner jetzt zwar da seien, aber es die UFA nicht mehr gebe.

Diese entwaffnende Logik auf den Punkt gebracht, als Linksherumdenken gepriesen (Kurt Tucholsky), als genialisch, absurd (im Sinne von Beckett) und shakespearehaft gelobt, war das Kapital von Valentin. Frei nach dem Motto

Der »Linksherumdenker« als Musical-Clown (mit Liesl Karlstadt)

»Es kommt immer anders, als man denkt« verblüfft er zusammen mit seiner Partnerin Liesl Karlstadt noch heute die Zuschauer im Kino, im Fernsehen und auf Video.

Filmkritiken über Valentins Filme gab es in dem Sinne nicht, sie sind Valentin-Kritiken, oft Lobeshymnen. Bei einem Valentin-Film wird von Regisseur und Kameramann erwartet, daß die Kamera nicht stört, nicht auffällt. Der Künstler war Valentin und nicht der Regisseur.
In Urheberrechtsprozessen, die der Münchner Rechtsanwalt und Valentin-Nachlaßverwalter Gunther Fette in den 80er Jahren führte, wurde von Valentin-Mitarbeitern bestätigt, daß in fast allen seinen Filmen Valentin mehr oder weniger seine Bühnenauftritte reproduziert hat. Ein reiner

Filmkomiker, wie etwa Chaplin, war Valentin nicht. Film war für ihn nicht mehr als Mittel zum Zweck, was dem Zuschauer eigentlich heute noch zugute kommt: Der Blick der Kamera war auf das Wesentliche gerichtet und hatte dies unverschnörkelt wiederzugeben. So erlebt man in den meisten seiner Filme Valentin pur – abgesehen von den Einschränkungen, die Kenner seiner Live-Auftritte gegenüber den Filmen äußern. Sie bemängeln nicht nur die fehlende Atmosphäre, sie vermissen auch die Stegreif-Einfälle, mit denen Valentin seine Stücke auf der Bühne regelmäßig spontan veränderte.

Dennoch dürfen wir Valentin dankbar sein, daß er schon früh zum Film fand und seine wichtigsten Sketche und Stücke verfilmt hat.

Karl Valentin, Filmunternehmer

Valentin behauptet in seinem Buch »Jugendstreiche« von sich, der erste Filmunternehmer Münchens gewesen zu sein: »Die Münchner haben es wahrscheinlich längst vergessen, daß ich in ihren Mauern der erste Filmunternehmer Bayerns war. Denn ein Filmatelier mit künstlichem Licht habe ich schon 1912 in München eingerichtet. Ich ließ mir aus Frankfurt die soeben neu erfundenen Jupiter-Filmscheinwerfer kommen, fünf Stück an der Zahl. Sie kosteten ein paar Tausend Mark. Fünfhundert Mark mußte ich anzahlen, den Rest in Wechseln, die jeden Monat fällig wurden. In einem Käselager des Kaufmanns Bernbichler in der Pfisterstraße im Rückgebäude (heute Nr. 11) direkt am Platzl neben dem Hofbräuhaus entstand also Münchens erstes Filmatelier. All mein sauer erspartes Geld steckte ich hinein, um ein Filmgroßindustrieller zu werden ...«

Mit der Behauptung, daß er der erste Filmunternehmer und Ateliergründer Münchens ist, nimmt Valentin den Mund ein wenig voll. Denn der Produzent seines ersten Stummfilms, *Valentins Hochzeit* (1912 oder 1913), Peter Ostermeier, der auch als Gründervater der heutigen Bavaria Film in Geiselgasteig gilt, war längst vor Valentin ein Profi im Filmgeschäft. Bereits 1907 eröffnete er sein Film-Atelier. Ostermeier ist auch der Produzent des ersten typischen Valentin-Films, *Der neue Schreibtisch,* und des verschollenen Stummfilms *Erbsen mit Speck* (beide 1914/15).

Tatsächlich handelte es sich bei dem Filmatelier in der Pfisterstraße um eines der ersten in München. Dort traf Valentin allerdings schon vor Drehbeginn seines ersten eigenen Films das große Filmpech. In einer unnachahmlichen Mischung aus Neugierde und Tolpatschigkeit zerschlug er sämtliche Jupiter-Lampen sofort nach Eintreffen.

Drehbuchgerecht schildert Valentin sein Pech in den »Jugendstreichen«: »Aber nach sechs Monaten war ich schon

Karl Valentin 1914 in seinem eigenen Filmatelier am Platzl: »Eine Filmprobe aufgenommen mit einer *Jupiterlampe«*

rettungslos verkracht: Das erste, was gekracht hat, und zwar gleich am ersten Tag, waren die fünf nagelneuen Jupiterlampen. Ich packte sie eigenhändig aus und stellte sie tadellos ausgerichtet in Reih und Glied nebeneinander. Wie ich mich ihres Anblicks freute, erblickte ich am Boden meines Ateliers ein langes, altes Brett, das meinen Schönheitssinn störte. Ich packte es an einem Ende und hob es auf. Aber schon war das Unglück geschehen. Der erste Scheinwerfer schwankte und fiel auf den zweiten, der zweite auf den dritten, der dritte auf den vierten und der vierte auf den fünften – bis sie sämtlich zerschmettert auf dem Steinfußboden lagen. Denn ich hatte die Lampen zufällig auf das gleiche Brett gestellt.«

Wir haben heute leider kein Zeugnis darüber, was Valentin in diesen frühen Tagen zu drehen gedachte. Als seinen ersten

Stummfilm nennt er *Valentins Hochzeit,* in dem es »schon ziemlich wild zuging« (Valentin). Erhalten sind heute rund 40 Filme, wobei die kurzen Beiprogrammfilme zur besten Kinounterhaltung zählen, die in Deutschland entstand.
Valentin war ein Meister der kurzen Form – in den Langfilmen durchbrach er oft das dramaturgische Konzept seiner Regisseure, war eher Gaststar als organisch mit dem Geschehen verwoben
Er dürfte das instinktiv geahnt haben, denn nur in Ausnahmen ließ er sich auf längere Filme ein, bei denen er oft wie eine Zugabe wirkte. Regisseure wie Erich Engels oder Max Ophüls, die Valentin drehbuchgerecht inszenieren wollten, brachte er bei Dreharbeiten zur Verzweiflung. Meist blieb ihnen nichts anderes übrig, als ihn so agieren zu lassen,

Karl Valentin mit Ehefrau, Tochter und Otto Wenninger in seinem Filmatelier: Probeaufnahmen zu dem (verschollenen) Film ›Der Einbrecher‹ (1914)

wie er es sich vorstellte. Das brachte in der Regel auch das beste Ergebnis.
Augenzeugen und Mitarbeiter seiner Filme bestätigen übereinstimmend, daß es einer großen Kunst und Geduld bedurfte, Valentin von einem Stoff und einer Rolle zu überzeugen. Viele Regisseure und Produzenten dürfte dies von einer Zusammenarbeit abgeschreckt haben. Der Regisseur Erich Engels berichtet in seinen Erinnerungen »Philosophie am Mistbeet«, wie schwierig es war, Valentin trotz bestehenden Vertrages zu Dreharbeiten nach Berlin zu holen. Um dennoch mit ihm arbeiten zu können, fanden die Dreharbeiten schließlich in München statt.
Erschwerend kam hinzu, daß Valentin in der Branche als Hypochonder verschrien war. Zwischen 1915 und 1938 konsultierte er rund 100 verschiedene Ärzte und Heilpraktiker. Zeitgenossen, die ihn persönlich kannten, glaubten allerdings, daß dies mit einer Abhängigkeit von starken Medikamenten zusammenhing. Möglicherweise versuchte Valentin, mit Morphium oder ähnlichen Arzneien sein Asthmaleiden zu lindern. Da wohl kein Arzt bereit war, über längere Zeiträume solche starken Medikamente zu verabreichen, könnte sich der extrem häufige Arztwechsel daraus erklären.
Sein Asthmaleiden hielt er allerdings nie geheim – in seinen »Jugendstreichen« berichtet er darüber, wie er bei der Benutzung eines Inhalierapparates ein Wiener Brahms-Konzert störte. Max Ophüls, Regisseur von *Die verkaufte Braut,* überliefert in seinem Rückblick »Spiel im Dasein« einen Dialog, der möglicherweise zur Aufklärung von Valentins Ärzteverschleiß beiträgt: »Valentin war ein Hypochonder. Wenn er nicht spielte, saß er im Gras und pumpte Kräutersäfte mit einer überkomplizierten gläsernen Maschine in seinen Hals. ›Sind Sie krank?‹ fragte ich ihn. ›Ja.‹ – ›Haben Sie einen guten Doktor?‹ – ›Nein.‹ – ›Warum denn nicht?‹ – ›Er wird mir beweisen, daß i g'sund bin, und dös mag i net.‹«
Seine Hypochondrie unterstrich Valentin mit seinem typi-

schen Humor, wie Kurt Tucholsky in dem Essay »Der Linksdenker« überliefert. Auf die Frage, was er sich wünschen würde, stünden ihm zwei Wünsche frei, antwortete er: »1. Ewige Gesundheit. 2. Einen Leibarzt.« Man kann ja nie wissen. Sicher ist sicher.

In der Öffentlichkeit konnten ihm solche Gerüchte, falls sie über Insider-Kreise hinausgedrungen sind, in keiner Weise schaden. Für die Boulevardpresse wäre einer wie Valentin heute ein gefundenes Fressen: Schon allein seine Kauzigkeit hätte dazu ausgereicht, ihn ständig in die Klatschspalten zu hieven. Sein Doppelleben als Quasi-Lebenspartner von Liesl Karlstadt und die duldende Rolle seiner Ehefrau wären mit Sicherheit ein Dauerbrenner geworden.

Seit Mitte der 20er Jahre gibt es in Deutschland keine

Provokativ: Valentin bei Probeaufnahmen (circa 1913)

Generation von Kinogängern, an der Valentins Filme vorübergegangen sind. Regelmäßig erleben seine Filme Wiederaufführungen im Kino. Zuletzt im Sommer 1992 und 1993 mit respektablem Erfolg. Selbst heute wirkt Valentin in seinen Filmen noch provokativ. Nach einer Pressevorführung in Berlin im Jahr 1992 war eine junge Kritikerin regelrecht erschrocken über Valentins »bösen« Humor. Vielleicht war es gerade das, was Bert Brecht an Valentin liebte und bewunderte: das Ausloten der Tiefen der Seele der Münchner Kleinbürger und Klein-Privatiers. Möglicherweise hat aus diesem Grund die Stadt München im nachhinein wenig unternommen, um den größten deutschen Filmkomiker ernsthaft zu ehren. Zu viel mehr als einem volkstümelnden Valentinbrunnen auf dem Viktualienmarkt hat es nicht gereicht. Die alljährliche Verleihung eines Valentin-Ordens durch eine Münchner Faschingsgesellschaft an Prominente hat wenig mit Valentins Humor zu tun.

Der Schrecken der Au

Mit diesen Worten überschreibt Karl Valentin ein Kapitel seines Buches »Die Jugendstreiche des Knaben Karl« – Streiche, die für ihn und die gesamte Nachbarschaft in der Münchner Au nicht ohne Folgen blieben. Mit diesen Streichen, die den Münchner Produzenten und Regisseur Franz Seitz zu dem gleichnamigen Film inspirierten, könnte er durchaus den beliebten US-Kino-Kids der Serie *Die kleinen Strolche* Vorlagen geliefert haben. Zeigte sich der rothaarige Karl (dazu hatte er blaue Augen) auf der Straße, schrien die Mädchen verängstigt »Da Fey-Bua kimmt!« und nahmen Reißaus, um ihre langen Zöpfe vor den Zugriffen des roten »Deifi« (Teufels) zu bewahren.

»Karl Valentin, Münchner Komiker, Sohn eines Ehepaares« – so beginnt seine Selbstbiographie. Geboren wurde er am Sonntag, dem 4. Juni 1882, in der Münchner Vorstadt Au, in der damaligen Entenbachstraße 63/1 (heute Zeppelinstraße 41). Getauft wurde er, übrigens protestantisch, auf den Namen Valentin Ludwig Fey. Das war rund zehn Jahre vor der Erfindung der Kinematographie, weshalb man in seinen »Jugendstreichen« auch so gut wie nichts über frühe Kinoerlebnisse liest, dafür um so mehr über seine biologischen, technischen und pyrotechnischen Experimente, die in seiner Umgebung Angst und Schrecken auslösten.

Wären einige seiner Freunde nicht etwas vernünftiger gewesen als Karl, hätte er durch allzu realistisches Feuerwehrspiel das väterliche Anwesen in Brand gesteckt. Er wollte für echte Löscharbeiten auch eine echte Brandkulisse schaffen. Blutige Füße holten sich seine Spielkameraden, als er Glasscherben an den Isarwiesen ausstreute, damit es zum Sanitäterspiel genügend Verletzte gab. Spaß machte es dem kleinen Valentin auch, Türgriffe unter Strom zu setzen.

Biographen sehen in diesen Taten im nachhinein eine gehörige Portion Sadismus, die ihre Diagnose über Valentins

Menschenfeindlichkeit unterstreichen soll. Zieht man von den überlieferten Valentin-Streichen allerdings die Übertreibungen ab, die sich wohl im Lauf der Zeit multipliziert haben, und berücksichtigt man das rauhe Milieu der Münchner Au, bleiben nicht viel mehr als derbe Lausbubenstreiche übrig, die Valentin virtuos mit viel List durchführte.

Die Vorstadt Au trug auch noch Ende des letzten und Anfang dieses Jahrhunderts Dickenssche Züge. Das Leben war hier rauher als in den selbstzufriedenen Münchner Bürgervierteln. Hier wurde schneller gerauft als anderswo – und fröhlicher gefeiert. Wer Valentins »Jugendstreiche« heute liest, den ergreift durchaus eine gewisse Wehmut – denn in unserer Welt mit eingezäunten, gettoisierten Kinderspielplätzen ist heute kaum mehr Platz für solche Streiche und Abenteuer.

Valentin schildert die Au pittoresk und als idealen Ort für Lausbuben seines Schlages. Doch ganz gefahrlos waren seine Aktionen für ihn und seine Umgebung nie. Bei verbotenen Abenteuerspielen auf dem dünnen Eis des Isarwehrs brach er ein. Einer seiner Spielkameraden ertrank. Valentin blieb als Andenken zeit seines Lebens ein Asthmaleiden.

Sein Vater, Johann Valentin Fey, geboren 1833, kam als gelernter Tapezierer nach München, heiratete 1866 die Tochter seines Meisters Karl Falk, Elisabeth, und wurde dessen Partner. Nach zwei Jahren starb Elisabeth Fey. 1869 heiratete Johann Valentin Fey im sächsischen Zittau die Bäckermeister-Tochter Maria Johanna Schatte. Karl war das jüngste von vier Kindern. Zwei seiner älteren Geschwister starben vor, sein Bruder Karl wenige Monate nach Valentins Geburt.

Biographen und Zeitgenossen, auch Valentin selbst, schildern den jungen Valentin Ludwig Fey als lebenslustiges und extrovertiertes Kind. Theaterspielen faszinierte ihn schon als Bub. Voller Eifer organisierte er Haustheater-Aufführungen auf dem väterlichen Anwesen.

Der erwachsene Karl Valentin wird als Misanthrop und

Karl Valentin (alias Ludwig Fey) mit Mutter Maria Fey und Karl Flemisch (1913)

Hypochonder gezeichnet. Sein Biograph Michael Schulte schreibt, daß Valentin aus seiner Jugend nur seinen Sadismus ins Erwachsenenleben herübergerettet hat, der mehr und mehr »zu einer verbittert-ironischen Geste« wurde.

Wenn man will, kann man natürlich auch in seinem störrischen Beharren auf einer einmal getroffenen Aussage in seinen Stücken und Filmen Spuren von Sadismus erkennen – allerdings eines unbewußten. Eigentlich ist die Basis seiner Wortspiele eine besonders ausgeprägte Art von Ignoranz und eine oft schizophrene oder kindliche Logik. Im Film oder auf der Bühne ein hervorragendes Mittel, um die Partner in ihren Rollen zur Weißglut zu treiben.

Valentin übt konsequent das Ausschalten des sogenannten gesunden Menschenverstandes, was anarchisch wirken muß. Er ist ein radikaler Querulant – eigentlich eine Fallstudie für Psychologen, die durchaus in der Lage wären nachzuweisen, daß einer von Valentins Kunstgriffen das starre Verharren auf einer Rollenebene ist, während andere Menschen flexibel auf mehreren Ebenen agieren, um eine sinnvolle Kommunikation zu erreichen. Aber wer möchte schon eine sinnvolle, logische und pragmatische Kommunikation in Valentins Filmen erleben? Spannend und unterhaltsam wird es erst, wenn Valentin all das ignoriert, was sich jenseits seiner Vorstellungswelt abspielt.

Seine Aktionsbasis unterscheidet sich völlig von der seiner Filmpartner – er spielt sozusagen einen Außerirdischen, der in einer Welt zurechtkommen soll, die er nicht akzeptiert. Zumindest im Kino und auf der Bühne schafft er es, an seinen Vorstellungen die reale Welt abprallen zu lassen. Er wirkt dabei wie ein ignoranter Kleinbürger, der sich mit seinen begrenzten Erfahrungen und Möglichkeiten behaupten möchte. Das Tragische dabei ist, und hier zeigen sich Parallelen zu Herbert Achternbusch, daß seine Sache letztendlich (bei Valentin allerdings nicht immer) zum Scheitern verurteilt ist.

Das stört Valentin nicht. Der eigene Untergang ist weniger tragisch als der Verlust der eigenen Weltvorstellung. Damit gleicht Valentin vielen Menschen. Wer möchte schon die Anschauung seiner Welt opfern?

Valentin ist außerdem ein Held der Zukurzgekommenen. Wenn auch nichts klappt und die Welt ihn nicht respektiert –

beim Bäcker, da kann er sich durchsetzen, da kriegt er die Brezen exakt, wie er sie bestellt hat – als »B«, auf den Millimeter genau –, und sollte es noch so viele Versuche kosten (*Beim Nervenarzt,* 1936). Das ist tragisch und komisch zugleich.

Als noch niemand über Chaplin lachte

Ohne seine Jugend in der Vorstadt Au hätte Valentin nie die tiefe Kenntnis des kleinbürgerlichen Lebens erwerben können, das sein Denken und Handeln prägte und zugleich die Grundlage seiner späteren künstlerischen Arbeit bildete.
Er entfernte sich von diesem Ort im Grunde nie richtig und blieb zeitlebens ein echtes Vorstadtgewächs, mit großem Mißtrauen gegenüber der bürgerlichen Welt, was etliche seiner Filme bestätigen. Die Angst vorm Reisen war nur ein Ausdruck davon: Eine echte Vorstadtpflanze könnte ja, einmal entwurzelt in fremder Umgebung, nie mehr anwachsen und müßte verdorren. Mit seiner starren Logik verharrte er auch in diesem Viertel an der Isar. Mit dieser Logik ist er bisher gut gefahren, wieso sie also aufgeben, wer weiß, was dann kommt? Was tauscht man dagegen ein? Ja keine Experimente! Daß er als Unternehmer tatsächlich Experimente wagte, die leider nicht immer gut ausgingen, ist eine ganz andere Sache.
Natürlich hatte Valentin mit seiner Art, mit seinen Marotten und Ängsten auch Erfolg – für wen sollte er sich ändern, solange sie gefielen? Kein anderer Münchner Volkssänger oder deutscher Komiker hat es neben Karl Valentin bis heute geschafft, zu einem solch unverwechselbaren Markenzeichen aufzusteigen. In den 20er und 30er Jahren nannten ihn viele Kritiker in einem Atemzug mit Chaplin. Auch Valentin selbst scheut den Vergleich mit dem sieben Jahre jüngeren Weltstar nicht. In seinen »Jugendstreichen« hebt er hervor, daß er schon lange vor Chaplin – der erst zwei Jahre nach Valentin seinen ersten Film drehte – hohes komisches Talent besaß: »Einmal gab es geschnittene Nudelsuppe, aber die meine war kochend heiß, und von den länglichen dampfenden Nudeln blieben mir schon beim ersten Löffel welche an den Lippen hängen. ›Heiß!‹ schrie ich, ›oha!‹ und wollte mir das verflixte Zeug schnell mit einer

Serviette vom Mund wegwischen. Es war aber keine am Tisch. Da sah ich den Hund am Boden, packte ihn und putzte mir damit den Mund ab. Das war im Jahr 1906, da wußte noch keiner etwas von Charlie Chaplin.«

Doch zurück ins idyllische Glasscherbenviertel an der Isar: Mit seinen Kumpanen hatte der Vale, wie sie ihn nannten, eines gemeinsam – er liebte geradezu fanatisch das Theater. Theaterspielen war eine beliebte Feierabendunterhaltung in München. Die Wurzeln dieser Münchner Theateraufführungen liegen beim Krippenspiel, das man zu Hause mit verteilten Rollen aufführte. Später kamen dann Marionettentheater und durchziehende Laiengruppen hinzu, die in Wirtshäusern auftraten. Etliche der Episoden aus den »Jugendstreichen« zeugen von Valentins Theaterfieber. Er schildert, wie er in »Faust« die Hexe spielt und mit dem »Hoftheater« Falk & Fey den »Freischütz« aufführt.

Valentin war sehr findig, wenn es darum ging, im Anwesen an der Entenbachstraße ein Theater einzurichten. Ein Möbelwagen aus dem Geschäft des Vaters diente als Bühne. Valentin erinnert sich, daß es unter der Bühne höllischer zuging als auf der Bühne, als er einen Spezialeffekt mit Feuer und Rauch bieten wollte. Fast wäre er dabei erstickt.

Bis zu seiner eigentlichen Bühnenlaufbahn sollte allerdings noch etwas Zeit vergehen. Auslöser der Idee, zur Bühne zu gehen, war angeblich der bekannte Münchner Gesangshumorist Karl Maxstadt. Valentin: »Als Vierzehnjähriger durfte ich ihn kennenlernen, und zwar im Kolosseum. Er begeisterte mich derart, daß für die Schreinerei nichts mehr übrig blieb. Ich wollte unbedingt in seine Fußstapfen treten. Bei Max Hieber kaufte ich mir Karl-Maxstadt-Couplets und übte fleißig. Mit neunzehn Jahren bin ich schon in Vereinen aufgetreten. Später besuchte ich noch eine Varietéschule …«

Zuvor lernte Valentin nach »siebenjähriger Zuchthausstrafe Schule«, so in seinem Bekenntnis »Wie ich Volkssänger wurde«, das Schreinerhandwerk beim Möbelschreiner

Hallhuber in Haidhausen und gab als Geselle fünf weitere Jahre »Gastspiele« für 20 bis 25 Mark im Monat bei anderen Münchner Schreinern, »entwendete dem letzten Meister einen Nagel, schlug ihn in die Wand und hing an demselben das goldene Handwerk der Schreiner für immer auf«.
So absolut, wie es Valentin schildert, löste er sich allerdings nie von seinem Handwerk. Der Maßstab bleibt in vielen Filmen ein wichtiges Requisit – und geht es nur darum, die Länge der Würste auf dem Teller zu vergleichen. Die Werkstatt in seinen späteren Wohnungen war ihm ein geradezu heiliger Raum. Meist stellte er seine Requisiten selbst her.
Im Mai 1902 besuchte der 19jährige drei Monate lang in

Ein gelernter Schreiner nimmt Maß: Karl Valentin in ›Der neue Schreibtisch‹

München eine Varietéschule, die den Grundstein zu seiner Entertainer-Karriere bilden sollte. Im Oktober hat er bereits ein Engagement in Nürnberg für ganze 180 Mark im Monat. Doch aus dem Traum, mit seiner Kunst das große Geld zu verdienen, wird zunächst nichts. Sein Vater stirbt am 7. Oktober, und Valentin muß das elterliche Geschäft übernehmen. Vier Jahre später ist er gezwungen, die immer schlechter gehende Firma und das Anwesen zu verkaufen. Den Erlös von 6000 Mark läßt er seiner Mutter, die nach Zittau in Sachsen zieht.

Valentin bleibt als »armer, magerer Teufel in München«, lebt in dem Handwerksburschenkasino »Stubenvoll«, zahlt 30 Pfennig für das Bett pro Nacht und verdient sein Brot als Zitherspieler. Auch mit Provinzauftritten schlägt er sich mühsam durch. Oft hat er keinen Pfennig. Freunde helfen ihm weiter, darunter auch Franz Erlacher, Chef einer Komikergesellschaft. In *Der Firmling* bedankt er sich dafür auf besondere Weise. Erlacher Franz heißt dort der großzügige Kriegskamerad, der dem Firmling seinen Anzug stiftet. Während dieser harten Tingeltangel-Wanderjahre fabrizierte Valentin ein großes Orchestrion mit fast 20 Musikinstrumenten aller Art, die er gleichzeitig spielen konnte.

Viel Glück brachte ihm das Musik-Monstrum nicht, mit dem er 1907 – damals noch reisefreudig – durch Deutschland zog und jedem 100 Mark bot, der alle Instrumente gleichzeitig bedienen konnte. Als die erhofften Engagements ausblieben, trat er für 50 Pfennig am Abend in einem Münchner Wirtshaus mit dem Orchestrion auf. Während eines »Löwenbräubierriesenrausches« zerstörte er das Multi-Instrument, das ihm immer unheimlicher wurde.

Der Regisseur Max Ophüls erinnert sich in seiner Biographie an eine von Valentins Versionen: »A Mundharmonika und a Trompeten und a Trommel und a Violin und a Schellen-band ... Dös hab' i alles g'spielt, ganz allein. Und auf dem Bauch hab' i a Plakat g'habt: Hundert Mark demjenigen, der alle diese Instrumente gleichzeitig

Multi-Instrumentalist: Karl Valentin zusammen mit Liesl Karlstadt in ›Straßenmusik‹

spielen kann! – und dann, wann's einer versucht hat und er hat's beinah können, dann hab' i in der Nacht g'sessen, und weil i an Angst g'habt hab', hundert Mark zu verlieren, hab' i noch ein anderes Instrument dazu erfunden, und so ist sie immer größer geworden, die Maschin, immer größer ... Und an einem Tag, in einem Wirtshaus, da hab' i mi selber nimmer auskennt und hab' einen Hammer g'nommen und hab' alles kaputt g'schlagen. Und sehn S', so wirds auch amal geschehen mit der Welt, eines Tages ...«
Ohne das Orchestrion scheint Valentin mehr Glück zu haben – im gleichen Jahr, als er die Maschine zerstört, schafft er in München seinen Durchbruch. In »Wie ich Volkssänger wurde« berichtet er: »Mein Brot verdiente ich mir während

dieser Zeit mit Zitherspielen, und sonntags ging ich mit der Komikergesellschaft Franz Erlacher hinaus in die Provinz. Im Jahr 1907 standelte ich, besser gesagt, ich durfte nach einer Volkssängervorstellung im ehemaligen Baderwirt an der Dachauerstraße ein Stegreifsolo machen, erzählte eine saudumme Geschichte von einem Aquarium, spielte Zugharmonika und hatte mit diesen eigenartigen Originalvorträgen einen nicht voraus geahnten Erfolg. Jetzt bekam ich sofort ein Engagement im Frankfurter Hof in der Schillerstraße und war dort mit meiner Originalnummer als Schwerer Reiter die Sensation. Meine wirtschaftliche Not hatte ein Ende.«

Zweimal gedreht: ›Karl Valentins Hochzeit‹ (1912/13)

Dank steigender Gage kann er eine Wohnung mieten und seine Mutter zu sich holen.

1905 kommt seine Tochter Gisela zur Welt, Ergebnis der Liebe zum elterlichen Dienstmädchen Gisela Royes, das er erst nach der Geburt der Tochter Berta im Jahr 1911 in der St.-Anna-Kirche im Lehel geheiratet hat, nachdem sie längst eine Familie waren. Wie Valentin über die Ehe denkt, zeigt er in dem Film *Karl Valentins Hochzeit,* den er bereits 1912 gedreht hatte und wegen schlechter Belichtung 1913 nochmals aufnimmt: Der Hochzeiter wird aus seinem ungebundenen Leben regelrecht in das Ehegefängnis hineingerissen. Später wird er *Beim Nervenarzt* (1936) gefragt: »Sind Sie sonstwie leidend?« – »Jawoll, verheiratet«, ist die spontane Antwort.

In der Öffentlichkeit spielte Gisela Fey keine große Rolle. Im Gegenteil – Liesl Karlstadt, die er etwa zur gleichen Zeit zur Partnerin macht, gilt als eigentliche Lebensgefährtin. Gisela Fey war die Rolle der Hausfrau zugedacht, aus der sie auch nie auszubrechen versuchte. Valentin nahm sie nie zu seinen Aufführungen mit und sorgte dafür, daß die Öffentlichkeit keine Notiz von ihr nahm.

Valentin entdeckt Liesl Karlstadt

Liebe auf den ersten Blick?
Bei dem Skeptiker Valentin ist so etwas kaum zu erwarten. Der Aufbau ihrer künstlerischen Beziehung und Partnerschaft glich eher einem Valentin-Sketch.
Als Liesl Karlstadt Valentin das erste Mal im Jahr 1911 auf der Bühne des Frankfurter Hofes auffiel, machte er ihr nicht etwa Komplimente, sondern erklärte freiweg, daß sie falsch besetzt sei. Nach den Erinnerungen von Liesl Karlstadt soll Valentin gesagt haben: »Sie, Fräulein, Sie sind als Soubretten aufgetreten. Heute habe ich Sie zum ersten Mal gesehen. Des is nix. Wissen S', Sie san so schüchtern, und so brav schaun Sie aus. A Soubretten muß ganz keß sein, die muß an Busen habn. Des is nix für Sie. Aber Sie sind sehr komisch. Sie müssen sich aufs Komische verlegen.« Was sie dann auch für ihre restliche Karriere tat, nachdem die Beleidigung heruntergeschluckt war.
Spontan schrieb ihr Valentin ein komisches Soubretten-Couplet, mit dem die junge Elisabeth Wellano sofort Erfolg hatte.
Als fünftes von neun Kindern wurde sie am 12. Dezember 1892 in der Schwabinger Zieblandstraße geboren. Ihr Vater war Bäcker, brachte die Familie recht und schlecht über die Runden. Sie lernte Verkäuferin bei Textil-Eder am Viktualienmarkt und arbeitete später im Kaufhaus Hermann Tietz, heute Hertie am Bahnhof. Durch die Dachauer Bauernkapelle, bei der sie Mitglied war, kam es zu ihrem schicksalhaften Auftritt im Frankfurter Hof. Nach Schilderungen von Zeitgenossen muß sie als dramatische Soubrette ihr Publikum durchaus erschüttert haben.
Ob Liesl Karlstadt – Valentin gab ihr diesen Künstlernamen nach seinem Idol Karl Maxstadt – wußte, was mit dieser Begegnung auf sie zukam?
Natürlich war es für sie eine große Chance, mit Valentin auf-

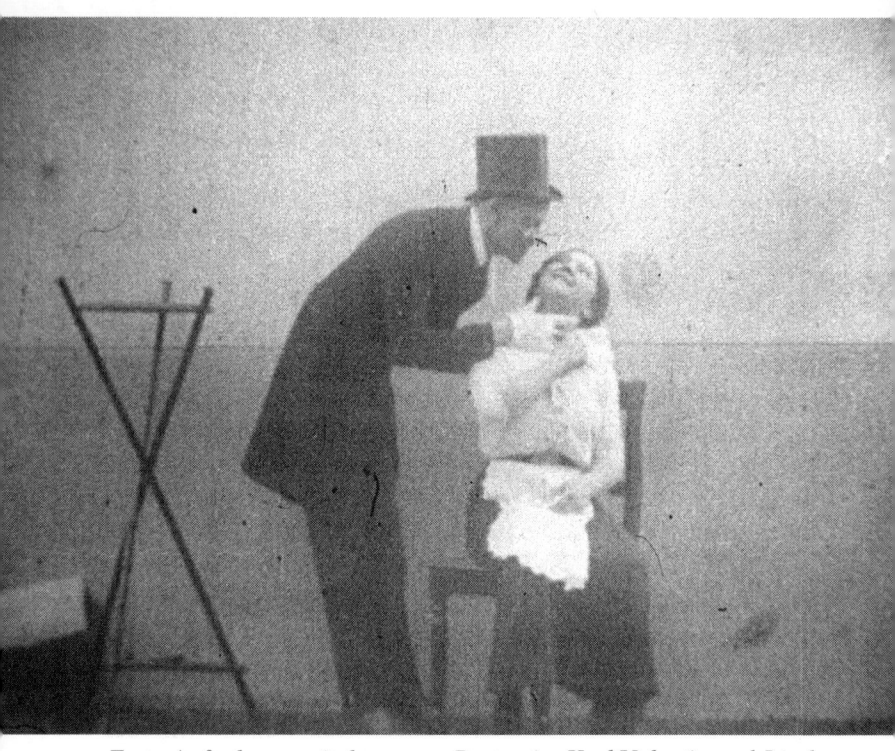

Erste Aufnahmen mit der neuen Partnerin: Karl Valentin und Liesl Karlstadt um 1913

zutreten, auch wenn Valentin stets darauf achtete, daß er die Lacher bekam und in der Öffentlichkeit als Führer des Duos dastand. In der Presse waren ihre Erfolge zuerst seine Erfolge. Wie Valentins Frau Gisela hatte es auch Liesl Karlstadt mit dem eigenbrötlerischen und hypochondrischen Valentin nicht leicht.

Sie war für Valentin viel mehr als Partnerin: Co-Autorin, Geliebte, Psychiaterin und nicht zuletzt Souffleuse. Besonders wichtig für Valentin war, daß sie improvisieren konnte. Denn Valentin hielt sich nie genau an den abgesprochenen Text. Ständig änderte er die Texte – am liebsten arbeitete er nachts daran. Seine Umgebung fürchtete ihn als

»Änderungsfanatiker«. Viele witzige Einfälle seien, so Liesl Karlstadt, erst bei der Aufführung gekommen.
»Er hat die siebenundzwanzig Jahre, wo wir zusammen gearbeitet haben, jeden Tag, bevor der Vorhang aufgegangen ist, bei jedem Stück, was wir schon hundert- und zweihundertmal gespielt haben, gesagt: ›Gelt, wissen tu ich gar nix. Du sagst mir jedes Wort ein.‹ ... Und das hab ich auch siebenundzwanzig Jahre lang gemacht. Ohne, daß man es im Publikum gemerkt hat. Aber dazu will ich noch sagen: Die allerbesten Einfälle, die witzigsten Sachen sind dann erst während der Aufführung entstanden, wenn die Leute gelacht haben.« Vieles von diesen blitzschnellen Improvisationen sei leider verlorengegangen, bedauert Liesl Karlstadt: »... Wenn wir fertig waren, haben wir vielleicht von zehn Witzen bloß mehr einen gewußt.«
In seinen »Jugendstreichen« erinnert sich Valentin an »Die Liesl«: »Schon vor dem Ersten Weltkrieg habe ich sie kennengelernt. Sie trat mit mir zusammen im Frankfurter Hof auf. Etwas später bewahrte ich sie vor einer Tournee, die gerade für St. Petersburg zusammengestellt werden sollte. Wir haben dann eifrig geprobt und bekamen alsbald unser gemeinsames Engagement im Hotel Wagner in der Sonnenstraße, wo wir mit dem bekannten Tiroler Terzett ›Alpenveilchen‹ herauskamen. Seitdem sind wir über 30 Jahre lang immer gemeinsam aufgetreten. Wieviel Spaß haben wir da oft zusammen gehabt!«
Valentin berichtet dann weiter, wie sie in der Öffentlichkeit kostenlose Darbietungen ihres Könnens gaben. Für Zeitgenossen, die nicht wußten, daß sich die beiden nur einen Spaß machten, müssen die in aller Öffentlichkeit »saudumm geführten« Diskurse manchmal die Schmerzgrenze überschritten haben, etwa wenn sie sich in der Straßenbahn über Obst unterhielten und die einzelnen Sorten so kräftig verwechselten, daß eine gestandene Marktfrau vor ihren Dialogen Reißaus nahm. Als schwerstes gemeinsames Abenteuer beschreibt Valentin einen durchlittenen Brahms-Abend in Wien, zu dem sie der Dirigent eingeladen hatte.

Auf den besten Mittelplätzen waren sie gefangen ohne eine Chance des Entkommens. Valentin ließ allerdings das Publikum an seiner Qual teilhaben. Gegen sein Asthma mußte er jede Viertelstunde einen quietschenden Glasinhalator benutzen, was die Sitznachbarn mit bösen Blicken und Zischen quittierten. Valentin als Fazit des Abends: »Allerdings meinten wir alle beide unter uns, daß wir am Münchner Oktoberfest in der Bräurosl bei der fünfundvierzig Mann starken Blechmusi schönere Abende verlebt haben. Da hätten S' uns sehen sollen, wie wir applaudiert haben! Das ist uns von Herzen gekommen!«

Daß er sich für diese kostenlosen Ehrenkarten zum Wiener Brahms-Konzert später gleich mit mehreren Stücken und Filmen rächte (voran *Die Orchesterprobe*), ist nicht verwunderlich. Bietet doch die Welt der klassischen Musik eine

Saudumme Diskurse: Valentin und Karlstadt streiten in ›Orchesterprobe‹ (1933)

ideale Angriffsfläche. Valentin formulierte sein Verhältnis zu dieser Musik in seinen »Jugendstreichen« so: »Außer meiner Bildungslücke für klassische Musik leide ich auch noch an Asthma ... Abgesehen von allem anderen wirkt klassische Musik auf den kleinen Mann meistens einschläfernd, besonders minutenlanges Geigengewinsel. ... Meine Ansicht ist: Man sollte jedesmal bei so einem klassischen Abend zur Erholung des kleinen Mannes einen schönen Strauß-Walzer, den Tölzer Schützenmarsch oder das Glühwürmchenidyll von Paul Lincke dazwischen spielen, dann wäre das ganze leichter zu ertragen.«

Auch zum modernen Theater hat Valentin eine ähnliche Einstellung. Angeblich soll er anläßlich einer Aufführung von Brechts »Trommeln in der Nacht« gesagt haben: »Ja wissen S', bei diesen modernen Stücken muß einer einen zum Schluß der Vorstellung packen und sagen: Sie, es ist Schluß.«

Doch zurück zum Verhältnis Karlstadt – Valentin.

In der Öffentlichkeit funktionierte ihr Zusammenleben über 20 Jahre nahezu reibungslos – solange sich Liesl Karlstadt mit der zweiten Geige zufriedengab. 1935 kam es schließlich zu einem ernsthaften Bruch ihrer Beziehungen, angeblich durch die Pleite des »Karl-Valentin-Panoptikums« in der Sonnenstraße, mit der sie ihre Ersparnisse verlor, die sie in Valentins unsicheres Unternehmen gesteckt hatte. Liesl Karlstadt erlitt einen Nervenzusammenbruch. Ausgerechnet für den Film *Beim Nervenarzt* (1936) konnte Valentin Liesl Karlstadt dann wieder gewinnen. Sie spielte in dem Film absurderweise den Professor, er einen Patienten. Vor der Produktion von *Kirschen in Nachbars Garten* (1935) liegt Liesl Karlstadt in der Nervenklinik. Valentin, der wohl aus schlechtem Gewissen vor dem Regisseur Engels geflüchtet ist, wird von ihm bei seinem Opfer in der Nervenklinik aufgestöbert.

Da sich Liesl Karlstadts Nervenkrisen häuften, sah sich Valentin 1939 nach einer neuen Partnerin um. Die junge Annemarie Fischer ersetzte die Karlstadt und war die Idealbesetzung für den Bühnensketch *Ritter Unkenstein*. Wie

Der letzte gemeinsame Filmauftritt: Karl Valentin und Liesl Karlstadt 1941 in dem Sketch ›In der Apotheke‹

Liesl Karlstadt war sie Soubrette, 35 Jahre jünger als Karl Valentin und brachte bereits langjährige Bühnenerfahrung mit, die sie bereits als Kind erworben hatte. Schon kurz nach ihrer ersten Zusammenarbeit wurde sie Valentins Geliebte, was zu Eifersuchtsszenen zwischen Valentin und Liesl Karlstadt führte. In dem letzten Film-Auftritt von Valentin (*In der Apotheke,* Kinostart 1941) ist Liesl Karlstadt wieder mit von der Partie.

Liesl Karlstadt trat weiterhin bei Adolf Gondrell in seinem Theater »Bonbonniere« auf, bis ihr der Arzt auch dies verbot. Die restlichen Kriegsjahre verbringt sie in Tirol und tritt kurz vor Valentins Tod, Ende 1947, Anfang 1948, wieder mit ihm auf. Bis zu ihrem Tod am 20. Juli 1960 in Garmisch ist sie im Rundfunk zu hören und beim Film in Nebenrollen zu sehen. Ihre Solo-Filmauftritte erreichen allerdings nicht das Format ihrer gemeinsamen Filme.

Münchner Kulturhumus und Tingeltangel

Valentin hätte sich keinen besseren Ausgangspunkt für seine Kunst als München wünschen können: München war in der Zeit nach der Jahrhundertwende ein Anziehungspunkt für Künstler aller Art – Franz Marc, August Macke, Wassily Kandinsky, Joachim Ringelnatz, Frank Wedekind, Bert Brecht und viele andere zog es ins freie Schwabing. München wurde zum künstlerischen Zentrum Deutschlands. Vielleicht trug dieses Klima dazu bei, daß sich Valentin schon bald von den üblichen Volkssängern abhob und einen eigenen Stil fand, der nichts Volkstümelndes an sich hatte. Hier konnte er aufblühen und wurde von der geistigen Elite beachtet. Thomas Mann soll ein Valentin-Verehrer gewesen sein, Tucholsky setzte sich gar in einem Essay mit der Kunst Valentins auseinander. Intellektuelle wie Brecht schätzten Valentins Unmittelbarkeit und seine Erfahrungen mit dem kleinbürgerlichen Leben, das sie nicht kannten. Brecht hat schon früh erkannt, daß Valentin nicht zu dem gemeinen Stand der austauschbaren Münchner Volkssänger gehörte.
Um die Jahrhundertwende hatte München eine halbe Million Einwohner, in 1500 Gasthäusern und Bierhallen traten Volkssänger auf. In den 30er Jahren reduzierten sich durch Kino und Rundfunk die typischen Volkssänger-Lokale auf etwa 100. Ein Volkssänger, der gegen die neue Konkurrenz bestehen wollte, mußte dem Publikum auf der Bühne Außergewöhnliches bieten.
Susanne von Goessel beschreibt in ihrem Aufsatz »Münchner Volkssänger – Unterhaltung für alle« (in »Karl Valentin – Volkssänger? DADAist?«) den Stand der Volkssänger: »Sie sind keine Volkslied-Singer gewesen, auch wenn sie ab und zu und auch öfter Volkslieder, populäre Lieder sangen. Es sind Komiker und Humoristen. Es sind Musical-Clowns, Possenreißer, Stimmungssänger, Exzentriker, Vortrags- und Gesangshumoristen, Conferenciers,

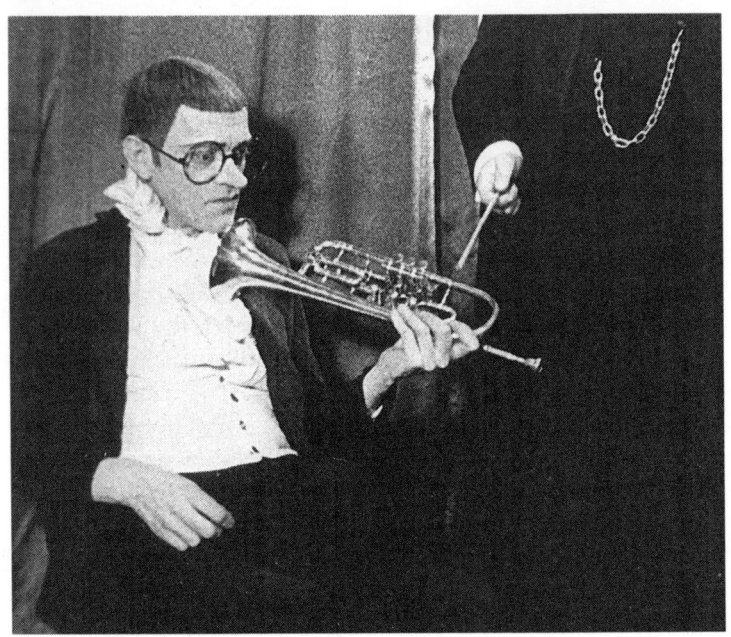

›Karl Valentin als Musical-Clown‹ (1929/30)

Entertainer, Charakterkomiker, Faxenmacher, Grimassenschneider, Imitatoren, Vergnügungsarrangeure, Gelegenheitsunterhalter, Spaßmacher, Musikalhumoristen, Originale. Sie selber nannten sich zunächst auch nicht Volkssänger, das kam erst später, als diese Art von Unterhaltung sich selbst überholt hatte und vom Kino und den Anfängen des Radios allmählich vertrieben wurde. Sie selber nannten sich Komiker und Salonhumoristen, und das stand auch auf ihren Visitenkarten.« Der junge Valentin bezeichnete sich als Musical-Clown. Allmählich, ohne sich am Münchner Volkssänger-Klischee zu orientieren, fand er seine Linie. Aber auch die Schwabinger Boheme war nie sein Vorbild. Das war für ihn eine fremde Welt, mit der er sich nur gelegentlich einließ.

Weniger ein Valentin-Film als ein solches Schwabinger-Boheme-Werk mit dadaistischen Ausläufern ist der 1922/23 entstandene Streifen *Mysterien eines Frisiersalons*. Der Film wird bis heute als avantgardistisch gehandelt, was er durchaus ist, wenn wohl auch viel durch Versuch und Irrtum entstanden ist.Die breite Valentin-Kinogemeinde hat sich für dieses Werk jedoch nie besonders interessiert. Wenn Valentin zu Recht als ein Avantgardist – auch im Kino – bezeichnet wird, dann nicht wegen dieses Schwabinger-Boheme-Films.Seine Schwabinger Freunde wären wohl schreiend davongelaufen, voran Brecht, hätte er ihnen gestanden, daß sich sein persönlicher Theatergeschmack in dem Heile-Welt-Stück »Der Müller und sein Kind« von Raupach widerspiegelte, das er alljährlich zu Allerseelen besuchte. Das einst populäre Rührstück wird übrigens auch heute noch auf Münchner Volksbühnen aufgeführt, was Valentin mit Genugtuung erfüllen würde.

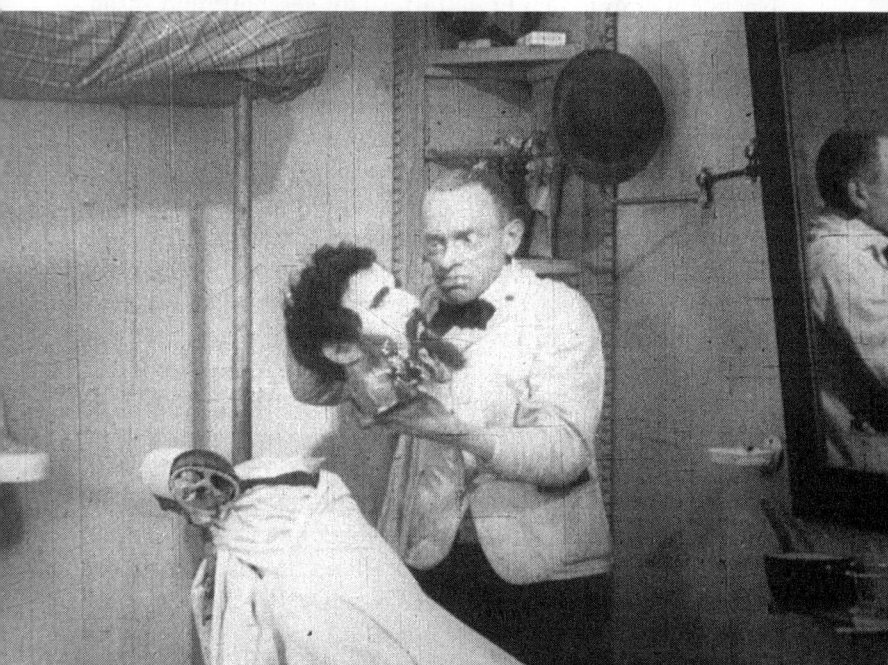

Dadaistische Ausläufer: ›Mysterien eines Frisiersalons‹

Der Regisseur und Schauspieler O. E. Hasse und Liesl Karlstadt brachten ihn eines Tages dazu, statt Raupachs Stück Hebbels »Maria Magdalena« anzuschauen. »Maria Magdalena« beeindruckte Valentin sehr. So sehr, daß er Hasse bat, »Der Müller und sein Kind« mit ebenfalls so großartigen Schauspielern aufzuführen, damit dabei kein Kitsch herauskomme, sondern das große Volksdrama, das es seit 120 Jahren gewesen sei. Herz-Schmerz, das verlangte Valentin vom Theater – mitfreuen und mitleiden.

Über Geschmack läßt sich streiten. Privat mag Valentin im Theater das Triviale geliebt haben, bei seinen Stücken, Sketchen und Szenen, von denen er rund 400 der Nachwelt hinterließ zeigte er jedoch eine äußerst sichere Hand. Valentin war kein Intellektueller, sondern pur, ungekünstelt. Valentins Hauptschauplatz ist von Beginn an die Bühne. Nachdem er es in den Frankfurter Hof geschafft und zusammen mit seiner Entdeckung Liesl Karlstadt das Tiroler Terzett »Alpenveilchen« herausgebracht hatte, übernahm er die Direktion der Varietébühne »Wien-München« im Hotel Wagner und gastierte in zahlreichen anderen bekannten Etablissements.

Wegen seines Asthmaleidens wurde er im Ersten Weltkrieg für untauglich befunden und trat an der Heimatfront auf: »Auch ich mußte, obwohl es eigentlich von mir als Blödsinns-Interpret niemand gewohnt war, auch ernste Sachen bringen, so unter anderem eine Kriegsmoritat. Der Erfolg war groß, und zwei Monate sang ich als Komiker traurige, ernste Vorträge.« Später durfte er dann in über 100 Lazarettvorstellungen seinem Humor wieder freien Lauf lassen. Lachen, so wurde ihm von den Militärärzten attestiert, sei die beste Medizin für die Verwundeten.

Aus dieser Zeit gibt es auch eine makabre Anzeige, in der Valentin all jenen, die ins Feld ziehen müssen, anbietet, für zehn Mark ihre Stimme für die Nachwelt auf Wachsplatten zu konservieren. Zahlreiche der Stücke, mit denen Valentin und Liesl Karlstadt in den 30er Jahren in ihren kurzen Tonfilmen brillieren, haben ihren Ursprung in diesen frühen

Jahren. Gleich mehrere dieser Filme, wie etwa *Die Orchesterprobe,* finden sich in dem Programm *Tingeltangel,* mit dem er auch in Berlin gastierte.
Als Ratgeber war Valentin bei Brecht, der Valentin 1918/19 kennen- und schätzengelernt hatte, durchaus gefragt – auch wenn es um die Lösung konkreter Inszenierungsfragen ging. Zu seiner Inszenierung von »Leben Eduards des Zweiten« in den Münchner Kammerspielen soll der Dramatiker Valentin gefragt haben, wie sich Soldaten im Krieg vor der Schlacht fühlen. »Angst ham's, blaß san's«, war die knappe Antwort Valentins. In der Brechtschen Verfremdung waren dann die Soldaten auf der Bühne weiß geschminkt. Für Brecht, der etliches Lob auf Valentin der Nachwelt überlieferte, war Valentin wohl so etwas wie ein Dolmetscher zwischen ihm und dem Kleinbürgertum.

Wie sehr Valentins Arbeit von der hohen Kultur geschätzt wurde, zeigt das Engagement Valentins 1923 an den Münchner Kammerspielen, für die er Nachtvorstellungen gab. Hintergrund war die Geldknappheit des Theaters. Valentin sollte als Zugpferd dienen, was tatsächlich funktionierte. Nachdem es gelungen war, ihn von dem Auftritt zu überzeugen, spielte er vor ausverkauftem Haus. Eine seiner Spezialitäten war die Präsentation von Lichtbildreklamen vor der Vorstellung, was ebenfalls großen Erfolg hatte – mit dem Effekt, daß er seine Dias auch an Kinos und Kabaretts verlieh. Da sucht eine »alleinstehende Frau« eine »Sitzgelegenheit«, in »schönster Lage« wird ein »Tafelklavier« angeboten, ebenso ein »Kochherd samt Feuer und halbfertigem Schweinsbraten« oder eine »verlorengegangene und brennende Havanna gesucht«.
Am 1. April 1924 feiern Valentin und Liesl Karlstadt in den Kammerspielen die Premiere des Zweiakters *Die Raubritter vor München.*
Valentin tritt auch noch später in Theatern auf, doch den Wünschen der Häuser, ihn fest zu verpflichten, kommt er nicht nach. Als er im Februar 1928 vom Nationaltheater

München zu einem Engagement eingeladen wird, lehnt er ab und begründet dies in »Wie ich Volkssänger wurde« mit den Worten: »Je höher man steigt, desto tiefer fällt man herunter – und das will ich vermeiden.«

1928 nimmt er ein Engagement als Frosch in der »Fledermaus« an; später, 1941/42, ist er in der gleichen Rolle im Gärtnerplatz-Theater zu sehen.

Valentin war ein früher Stadtneurotiker.

Seine erste eigene Wohnung liegt nicht weit von seinem Geburtshaus, in der Ackermannstraße 1, danach zieht er mit seiner Familie in die Kanalstraße 16 und 1913 in das Haus Nummer 8, wo er dann rund 20 Jahre wohnen wird. Seine letzte Münchner Wohnung lag ganz in der Nähe, am Mariannenplatz 4/II. Diese Adressen liegen nur wenige Minuten

Ein früher Stadtneurotiker: Valentin 1923

Fußweg voneinander entfernt. Nur ungern wagte er sich aus München fort. Mußte er dennoch eine Reise antreten, zeigte er den Münchnern, was er von ihnen hielt: 1929, als er eine Gastspielreise nach Berlin antritt, läßt er Plakate kleben, auf denen steht: »Karl Valentin reist von München ab! Deutschlands größter tragischer Komiker Karl Valentin verläßt München!«

In Berlin gastiert Valentin in den Jahren 1923, 1928, 1929, 1930 und 1938, in Zürich und in Wien 1923. Seine Auftritte wurden in diesen Städten stark beachtet und waren wohl auch sehr gut besucht. Doch weiter als Wien, Berlin oder Zürich wollte sich Valentin nicht wagen. Sein Bühnenmeister Josef Rankl erzählt, daß ihn Valentin eines Tages, als er eine Anfrage aus Amerika erhielt, fragte, ob er mitkomme. Als Rankl, ohne zu überlegen zustimmte, erwiderte Valentin entsetzt: »Na, na! Denken S' doch bloß dran, wie tief der Ozean stellenweise ist! Da wird nix draus!«

Valentins Wohnungen waren nicht nur Fluchtburgen eines Hypochonders, sondern zugleich auch riesige Archive. Kistenweise stapelten sich hier Fotografien alter Münchner Ansichten, in die Valentin Tausende von Mark investiert haben muß. Geradezu detektivisch forschte er nach alten Ansichten, eilte zwischen Archiven hin und her, setzte Anzeigen in die Zeitungen, in denen er hohe Belohnungen für alte Fotos mit Münchner Straßen und Häusern versprach. Sigi Sommer, Münchner Schriftsteller, überliefert den Valentin-Spruch: »A oids Buidl vo München is mehra wert ois a Brillant.«

Eine andere Foto-Sammelleidenschaft brachte ihm 1921 eine polizeiliche Vernehmung ein. Man fand bei Valentin Nacktfotos, von denen er ebenfalls eine große Sammlung besessen haben soll. Valentin wird nachgesagt, er habe ein Faible für dicke Frauen gehabt, und während seiner Berliner Gastspiele habe er sich von einer barocken Muse verwöhnen lassen. Als er dann erfuhr, daß er noch einige Nebenbuhler hatte, übersandte er der Dame zweideutig einen Volksempfänger – da sie das ganze Volk empfange. Wenn er im

Taxi saß und solch eine gutproportionierte Dame sah, ließ er angeblich den Taxifahrer langsamer fahren, um der Dame nachzuschauen.
Inwieweit dies auf Tatsachen zurückzuführen ist oder ob hier durch Übertreibung Legenden entstanden sind, sei dahingestellt.

Valentin war nicht nur Künstler, sondern auch Unternehmer. Von Anfang an dachte er durchaus multimedial. Von der Bühne zog es ihn schon früh zum Film. 1929 sollten stumme Filmteile einen humoristischen Fremdenvortrag über München ergänzen (*Mit dem Fremdenwagen durch München,* 1929) – und neben seinen Versuchen, ein eigenes Theater nach seinen Vorstellungen zu installieren, schuf er auch ein Panoptikum. Sämtliche Unternehmen waren künstlerisch sehr ambitioniert angelegt, wirtschaftlich allerdings weniger erfolgreich.
1931 eröffnet Karl Valentin am 2. März im Goethesaal, Leopoldstraße 46 a, sein eigenes Theater mit dem Programm *Tingeltangel,* das er allerdings schon zwei Monate später aufgrund von kleinlichen Behördenauflagen und einer dadurch ausgelösten Nervenkrise schließt.
Dort gastierte auch Chaplin – auf der Leinwand mit einem Film. Valentin scheute sich nicht, Chaplin, mit dem ihn viele verglichen hatten, Platz in seinem Programm einzuräumen.
Mit der Eröffnung seines »Karl-Valentin-Panoptikums« im Oktober 1934 in der Münchner Sonnenstraße 33 macht Valentin einen lange gehegten Wunsch wahr. Im Hotel Wagner, einem seiner ständigen Auftrittsorte, entsteht mit Hilfe eines Kredits von Liesl Karlstadt ein »Grusel- und Lachkeller« – ein Vorläufer des Valentin-Musäums, das heute im Isartor untergebracht ist.
Objekte in diesem Panoptikum sind unter anderem »Der Apfel, in den Adam biß«, »Der Stein, auf dem Mariechen saß«, »Karl Valentins zoologischer Garten«, eine geschmolzene Schneeplastik, ein Vesuv, der nicht raucht, weil das Rauchen in der Ausstellung polizeilich verboten ist, und ein

Ohne eine Maß Bier nicht denkbar: Valentin und Karlstadt 1929 in ›Mit dem Fremdenwagen durch München‹

Winterzahnstocher mit Pelzbesatz. Ein Aufzug bringt den Besucher scheinbar in die tieferen Regionen der Welt. Hergestellt wird die Illusion durch Rütteln und lautes Motorengeräusch.

In einem kleinen Kinosaal sitzen mehrere Wachsfiguren, die auf eine Vorführung warten und Eintretende dazu verleiten sollen, ebenfalls auf den Beginn der Projektion zu warten.

Als der Erfolg ausbleibt, weil ein solches Panoptikum wohl nicht mehr ganz zeitgemäß ist, wird das Haus bereits Ende 1935 wieder geschlossen.

Valentin, aber auch Liesl Karlstadt verloren bei diesem Unternehmen viel Geld. Nicht allein der Verlust des Geldes, sondern hauptsächlich der Mißerfolg trug wohl auch zu den

›Musik zu zweien‹ (1936): Nicht immer war das Duo erfolgreich ...

Depressionen bei, unter denen die Karlstadt immer stärker litt.

Trotz des Mißerfolgs wagt es Valentin 1937 erneut, ein Panoptikum im Färbergraben zu eröffnen, dem er allerdings geschickterweise einen Spielort mit Ausschank hinzufügt; er nennt das Ganze »Ritterspelunke«. Die »Ritterspelunke« scheint größeren Erfolg zu haben, zumal Valentin hier täglich auftritt. Ende 1940, im zweiten Kriegsjahr, schließt sie jedoch.

Zahlreiche Bühnenrequisiten verschenkte Karl Valentin schon zuvor. Die Auflage der Stadt, das Lager für einen Luftschutzkeller frei zu machen, zwang ihn dazu, das Requisitenlager zu räumen. Als die Stadt München auf Valentins Protest endlich die Zwangsräumung aufhob, war der Fundus bereits in alle Winde verstreut oder zerstört. Erbost schrieb Valentin an den damaligen Oberbürgermeister Fiehler: »Nun könnte ich mein Lager haben, aber ich habe keine Lagerbestände mehr und brauche auch deshalb kein Lager mehr – nur über eines staune ich, daß andere viel komischere Sachen machen können als ich selbst.«

Augenzeugen

Augenzeugen und Informationen zu den Filmproduktionen mit Karl Valentin sind leider kaum vorhanden bzw. aufgezeichnet worden.

Man kann es fast Glück nennen, daß Valentins Nachlaßverwalter, der Münchner Rechtsanwalt Gunther Fette, für die Klärung der Urheberschaft an den Filmen im Jahr 1982 Protokolle mit Augenzeugen und Mitwirkenden gemacht hat. Damals erklärte Professor Dr. Rolf Badenhausen (ehemals Leiter des Instituts für Theaterwissenschaft, Uni Köln, der seit 1929 mit Valentin und Karlstadt eng befreundet war): »Ich kann mich an die einzelnen Filmproduktionen noch genau erinnern. Fast alle Filme waren zuerst Szenen von Karl Valentin und Liesl Karlstadt, die erst nachfolgend verfilmt wurden. Etwas anderes gilt lediglich für die Filme *Kirschen in Nachbars Garten* und *Die verkaufte Braut*. Bei diesen beiden Filmen wurden Karl Valentin und Liesl Karlstadt ›eingebaut‹. Ansonsten hat Karl Valentin bei den Filmen jedoch immer nur seinen Text gesprochen und hat sich nie sagen lassen, was und wie er spielen soll. Er hat immer nur erlaubt, seine ureigenste Darstellung abzufotografieren. Irgendwelche Anweisungen von Regisseuren etc. hat er grundsätzlich nicht angenommen, sondern stur immer nur das gemacht, was er wollte. Prinzipiell kann man bei den Filmen von Karl Valentin und Liesl Karlstadt davon ausgehen, daß sie lediglich fotografiertes Theater sind.

Den Anteil der Regisseure an den Filmen würde man folgendermaßen definieren: Der Regisseur hatte lediglich die Aufgabe, das Licht einzustellen und dafür zu sorgen, daß der Text, der in keiner Weise verändert werden durfte, richtig kam.

Bei einem Vergleich der Texte, wie sie im Piper Verlag veröffentlicht worden sind, mit den Filmtexten kann man feststellen, daß sie kongruent sind, wenn man von den üblichen

›Der Sonderling‹ (1929)

Variationen jedes einzelnen Auftritts von Karl Valentin und Liesl Karlstadt einmal absieht.«
Hannes König, Gründer des Valentin-Musäums in München, bestätigt dies: »Wenn man die Standbilder der Filme mit Szenenaufnahmen von den Bühnenaufführungen im ›Kolosseum‹ vergleicht, so stellt man fest, daß die Darstellung in Maske, Geste, Position praktisch völlig identisch ist. Er hat sich von den Regisseuren der Filme niemals etwas sagen lassen und sich immer geweigert, etwas zu spielen oder zu sagen, was nicht von ihm selbst stammte. Er konnte das tatsächlich nicht. Karl Valentin hat immer nur aus sich heraus gespielt und konnte nichts Vorgegebenes nachvollziehen. Mir ist auch eine Äußerung von Erich

Engels bekannt, der gesagt hat, daß es am besten ist, wenn man Karl Valentin überhaupt nichts sagt, sondern ihn einfach gewähren läßt.« Erich Engels in seinen Erinnerungen »Philosophie am Mistbeet« zu *Kirschen in Nachbars Garten:* »In einem Schuppen, den mir die Kopieranstalt auf ihrem Gelände zur Verfügung gestellt hatte, machte ich Probeaufnahmen mit Valentin. Er war wirklich nur gewohnt, seine eigenen Dialoge zu sprechen, und tat sich mit fremden Texten furchtbar schwer ... Wir lachten Tränen über sein Kauderwelsch und seine Stotterei. Aber wenn wenigstens in etwa der Sinn des notwendigen Textes dabei nicht verlorenging, fand ich diese Stotterei höchst originell ...« Und weiter: »Es war viel zu lernen von dem eigenwilligen Künstler Valentin. Oft bat ich ihn, nur den Sinn eines Dialoges wiederzugeben, sonst aber frei nach Schnauze, wie es im Theaterjargon heißt, zu sprechen. Er hatte dann keine Hemmungen und konnte ungestört seine Sätze bilden. Die wirkten durch die Art, wie er sie brachte, also etwas stotternd, stockend und linkisch, um so stärker.«

Daß es auch die Techniker bei Valentin nicht leicht hatten, erfährt man aus dem Protokoll mit Erich Griner, einem Tontechniker der Münchner Kamera- und Filmfirma Arri, der an allen Valentin-Produktionen von Arri beteiligt war: »Die Kamera hatte ewig zu tun, um ihn überhaupt im Bild zu behalten, weil er einfach völlig für sich selbst spielte und sich gar nicht darum kümmerte, was um ihn vorging oder notwendig war. Von gestalterischen Einwirkungen des Regisseurs kann bei den Filmaufnahmen sicher keine Rede sein. Er hat bei den Filmaufnahmen nicht anders gespielt als auf der Bühne, wo er ja auch keinen Regisseur hatte und deshalb gar nicht gewohnt war, sich von einem Regisseur dirigieren zu lassen. Daß die Filmaufnahmen mit seinen Theateraufführungen identisch sind, kann ich besonders gut beurteilen, weil meine Tante, Frau Wegmann, die Direktorin des ›Kolosseum‹ und später der ›Ritterspelunke‹, und ich ihn dort bei allen seinen Bühnenauftritten erlebt haben. Mir ist nicht in Erinnerung, daß er seine Stücke bei den

Filmaufnahmen anders gespielt hätte als auf der Bühne. Mit dem Regisseur Erich Engels ist er sowieso nicht zurechtgekommen, und Valentin hatte kein Verständnis dafür, was die von ihm wollten. Soweit Drehbücher vorhanden waren, hat er eigentlich immer anders gespielt, als es im Drehbuch stand.« Griners Tonassistent Bernhard Kistner ergänzt dies: »Die Regisseure haben dann auch regelmäßig nach kurzen Versuchen es aufgegeben, eigene Vorstellungen durchzusetzen, und haben Karl Valentin gewähren lassen, wie er wollte. Dies ist so weit gegangen, daß er mit derselben Maske vor der Filmkamera aufgetreten ist, wie er sie sich bei den Bühnenaufführungen machte und die dort jeweils sehr grob war.«

Der Regisseur Max Ophüls ergab sich mit Intelligenz und Tricks in sein Schicksal bei den Dreharbeiten zu *Die verkaufte Braut* (wie er in dem Buch »Spiel im Dasein. Eine Rückblende« schildert): »Beim Drehen führte ich mit ihm so Regie, wie er es vorgeschlagen hatte. Ich erklärte ihm die Situation der Szene. Zum Beispiel: Jetzt kommt der Dorfschulze und will von Ihnen Steuer haben. Die haben Sie nicht bezahlt, als im letzten Jahr ihr Zirkus hier war, und jetzt haben Sie Angst, wenn Sie sie nicht bezahlen, daß Sie nicht spielen dürfen. Aber Sie haben kein Geld. Währenddessen kam der Dorfschulze herein, der Valentin rief das Fräulein (Liesl Karlstadt) und sagte, was ihm gerade einfiel. Auf alle Fragen, die an ihn gerichtet wurden, fand er seine eigenen Antworten. Als es ihm zu bunt wurde und zu lange dauerte, haute er dem Dorfschulzen einfach eins über den Kopf. Verborgen hinter den Wänden der Dekoration standen in vier verschiedenen Richtungen vier Kameras und drehten, was vor sich ging. So kam etwas zustande, was wohl Ähnlichkeit hatte mit den improvisierten Spielen der herumreisenden Komödianten des Mittelalters ...« Bei solchen Aussagen kann man schon Mitleid mit den Regisseuren und Autoren bekommen.

Valentin hatte mit ihnen keines.

Eine der besten Interpretationen von Valentins Talent liefert

»Das Fräulein« (Liesl Karlstadt) mußte die Stichworte liefern, Valentin improvisierte (hier in ›Straßenmusik‹)

der Kritiker Hans Reiser in der »Deutschen Allgemeinen Zeitung« am 23. Januar 1937 in seinem Beitrag »Experiment mit Karl Valentin – ein Volkskomiker im Räderwerk der Filmmaschinerie«: »Am sichersten und eindringlichsten ist er in seinen eigenen ›Stücken‹, wie die Ouvertüre zu *Dichter und Bauer* oder *Der Firmling,* Stücke, die nur Szenen sind, aber Szenen, die Stücke aufwiegen. Und in denen er Autor, Regisseur und Hauptdarsteller zugleich ist, wie das alle vollrunden Komödianten zu allen Zeiten sind und waren ... Er hat seinen eigenen Bereich und wird immer nur eines spielen: den Valentin, den Irrationalen, Unergründlichen ... Es genügt nicht, ihm eine Rolle hinzuschieben, die er glatt ›schmeißt‹. Damit ist nichts getan und auch nicht damit, ihm

Worte in den Mund zu legen, die nicht von ihm sind, nicht zu ihm gehören und seine Möglichkeiten nicht erfassen, geschweige denn steigern. Ein Regisseur kann nichts in ihn hineinlegen, dazu ist er zu reich, aber er muß alles aus ihm herausholen.«

Das Hineinlegen funktionierte nicht, wie die oben angeführten Augenzeugen berichten, das Herausholen aber auch nicht immer. Denn Valentin war auch ein Verweigerer, der es nicht nur den Regisseuren schwergemacht hat, sondern oft genug sich selbst. Diese Haltung dürfte so manches Filmangebot vereitelt haben. Die Kritik sieht sich allerdings bis heute mit Valentin einig. Selbst in der Fachpresse (»Der neue Film«, 4/1948), der es um den wirtschaftlichen Erfolg der Filme geht, wird anläßlich seines Todes beklagt, daß Valentin im Kino zuwenig Chancen bekommen hat: »Wenn wir aber heute Bilanz machen müssen, welche Chancen die Filmproduktion eigentlich Valentin geboten hat, dann bleibt nur ein sehr dürftiges Ergebnis: einige vor langer Zeit schnell abgedrehte Kurzfilme und zwei Spielfilmrollen. Dabei können die Filmproduzenten auf die Frage nach der Ursache dieses Versäumnisses diesmal kaum von finanziellen Gründen reden, denn zumindest die Kurzfilme von Valentin waren Erfolge beim Publikum. Die Ursache solchen Versagens Verantwortlicher liegt zum Teil in der Struktur der Filmindustrie selbst begründet, die eben nur selten nach der wirklich originalen Persönlichkeit sucht, um sich dann als Diener und Vermittler ihrer Kunst zu betrachten. Die eher dazu neigt, den Eigenwilligen auszuscheiden, falls er aus den Gesetzen seiner Genialität heraus mit eingefahrenem Produktionstrott kollidiert. Das geschieht, wie der Fall Valentin beweist, selbst da, wo das Publikum sich schon für eine solche Persönlichkeit entschieden hat. Wenn sich dann doch noch ein weitsichtiger Filmproduzent findet? Dann konnte es passieren, daß ihn nun wieder andere Gründe an der Herstellung von Kurzfilmen hinderten, und ein Valentin, dessen Kopf voller Ideen für die Filmkamera steckte, mußte wieder auf Suche nach Filmmöglichkeiten gehen.«

Eigenwillig, wie er war, wollte Valentin manchmal ...

Am 3. Mai 1929 fragt in der »Frankfurter Zeitung« Peter Scher: »Warum macht Valentin keine Filme mehr? Ich kann die Frage beantworten, denn ich habe in eben diesem Augenblick mit Valentin über das Thema gesprochen. Die Antwort ist einfach: Weil die deutsche Film-Industrie mit einem Darsteller von Valentins Format nichts anfangen kann.
Warum kann sie mit ihm nichts anfangen? Weil sie Kitsch machen muß. Warum muß sie Kitsch machen? Angeblich, weil nur Kitsch Erfolg hat. Ich halte das – ebenso wie Valentin – für einen Trugschluß. Dieser große Humorist könnte Filme machen wie in Deutschland keiner außer ihm und in Amerika nur Charlie.
Aber er kann sie nicht machen, weil das schöne Geld für

... mit dem Kopf durch die Wand (›Der Sonderling‹)

Dreck hinausgeworfen werden muß, der nur darum zieht, weil nichts Besseres gemacht wird. Und Besseres wird nicht gemacht, weil – (siehe oben).
Im übrigen macht Valentin aber doch Filme; noch in diesem Monat fängt er an.
 Er hat es mir eben gesagt, und ich freue mich, seinen schätzungsweise dreiundzwanzig Millionen Verehrern diese beruhigende Aussicht eröffnen zu können.«
Leider sind die zahlreichen Treatments oder Drehbücher, die Valentin angeblich vergeblich an die UFA und andere Produzenten gesandt haben soll, nicht mehr greifbar, um tatsächlich beurteilen zu können, ob ihm wirklich das Unrecht geschah, das man in so mancher Kritik liest oder das er in einem Gedicht hinausschreit:

Filmpech: Valentin in und als ›Der Sonderling‹ (1929)

Karl Valentins Filmpech (Melodie: Lilli Marleen)

Vor Geiselgasteig – steht der Valentin
er steht vor den Toren – selten war er drin.
Er hätte so gute Filmideen – doch wolln die Herren ihn nicht verstehen,
trotzdem er arisch ist – trotzdem er arisch ist.

Er hat schon gefilmt – in seiner Heimatstadt,
und diese Filme – man bewundert hat,
weil so was Eignes noch nicht da – rief man ihn nach Amerika,
doch blieb er Deutschland treu – doch blieb er Deutschland treu

Treue bis heute – hielt der Valentin,
doch mit den Filmen – steht es noch sehr schlimm,

er wollt' nicht nach Amerika – er wollte zur Bavaria,
der Weg wär nicht so weit – der Weg wär nicht so weit.

Weiter ist der Weg – zur Bavaria,
als der Weg zu Wasser – nach Amerika.
O Valentin, wärst damals du – gefahren nach dem Holewu,
wärst heut' du Millionär – wärst heut' du Millionär.

Doch der Valentin – der läßt sich nicht beirren,
einer, meint er, könnt's – in Deutschland noch probier'n,
er brauchte gar nichts um sich her – Verständnis nur vom Geldgeber,
und a halbe Million – und a halbe Million.

Was Valentin nicht filmen will, sind:
Bayerische Filme – Schuhplattlergestampf,
Rauferei auf Kirchweih – Schmalznudelgedampf,
Zum Kammerfensterln schleicht der Bu-a.
Beim Bayernfilm ist alles da:
Ha, ha, ha, ha, ha, ha – ha, ha, ha, ha, ha, ha.

(Aus: Bertl Valentin, »Du bleibst da, und zwar sofort! –
Mein Vater Karl Valentin«, München 1971)

Daß Valentin ein eifriger Verfasser von Filmmanuskripten war, bestätigt auch Max Ophüls, mit dem er 1929 seinen ersten langen Tonfilm, *Die verkaufte Braut*, gedreht hat. In einem Brief, datiert auf den 1. Oktober 1932, lobt Ophüls Valentins »ausgezeichnetes Manuskript«, für das er sich verwenden möchte, falls ihm Valentin ein wenig Zeit läßt. Nur wenige Monate später mußte der Jude Ophüls Deutschland verlassen.

Klar war jedenfalls, daß Valentin sich um fremde Interessen wenig scherte und kaum Verständnis für die finanziellen und sachlichen Zwänge einer Filmproduktion aufbrachte. Bis heute halten sich in München noch in der zweiten Generation von Filmleuten hartnäckig die Gerüchte, daß man mit Valentin nur schwer arbeiten konnte. Als Gründe werden seine Hypochondrie, sein Eigensinn oder gar seine

Abhängigkeit von Medikamenten kolportiert. Die Wahrheit mag irgendwo dazwischen liegen. Von Hitlers Leibfotograf Heinrich Hoffmann ist überliefert, daß Valentin, um als Produzent selbst Filme machen zu können, bereit war, an Hitler seine Sammlung von Altmünchner Fotografien und 25 000 Kitschpostkarten zum Preis von 100.000 Mark zu verkaufen. Als Hitler hörte, daß das Geld in Filme fließen soll, bot er 30.000 Mark und eine monatliche Leibrente von 1000 Mark, worauf Valentin dem Führer ausrichten ließ: »Alles oder nichts.« Damit wurde aus dem Geschäft nichts.

Einen Teil der Sammlung übernahm das Münchner Stadtarchiv, einen anderen Teil der Kölner Theaterwissenschaftler Carl Niessen. Ob Karl Valentin angesichts der vielfältigen Filmfördermaßnahmen in der Bundesrepublik heute größere Chancen hätte, seine Ideen fürs Kino zu realisieren, bleibt offen. Den Begriff Filmförderung hat er nicht gekannt, statt dessen hat er ein Modell zur Füllung leerer Theater entwickelt, das man für die Filmförderung modifizieren könnte. So plädierte Valentin für einen Theaterzwang: Von Staats wegen müssen Schulkinder und Erwachsene regelmäßig ins Theater gehen – und schon ist die Misere der Theater beseitigt, zumal der Staat den Eintritt übernimmt. Zwingen zum Kulturgenuß, das wußte Valentin, kann den Staatsbürger nur der Staat.

Stumme Slapstick-Stürze ins Kino

Wie auf der Bühne, so war Valentin auch beim Film schon früh bestrebt, seine eigene Ausdrucksweise zu finden. Die Höhepunkte seiner Filmarbeit liegen zwar erst in den 30er Jahren, als er seine Sprache im Tonfilm einsetzen konnte, doch auch schon bei den ersten Stummfilmen hat er erfolgreich originäre Effekte entwickelt. Seine groteske Körpersprache ersetzt das Wort, das als Zwischentitel keine große Funktion oder Wirkung hat. Auf der Suche nach Mitteln, das neue Medium für seine Zwecke zu nutzen, setzt er auf Gags und Slapstick und schreckt auch nicht davor zurück, Anleihen bei bekannten Filmgrotesken zu nehmen.

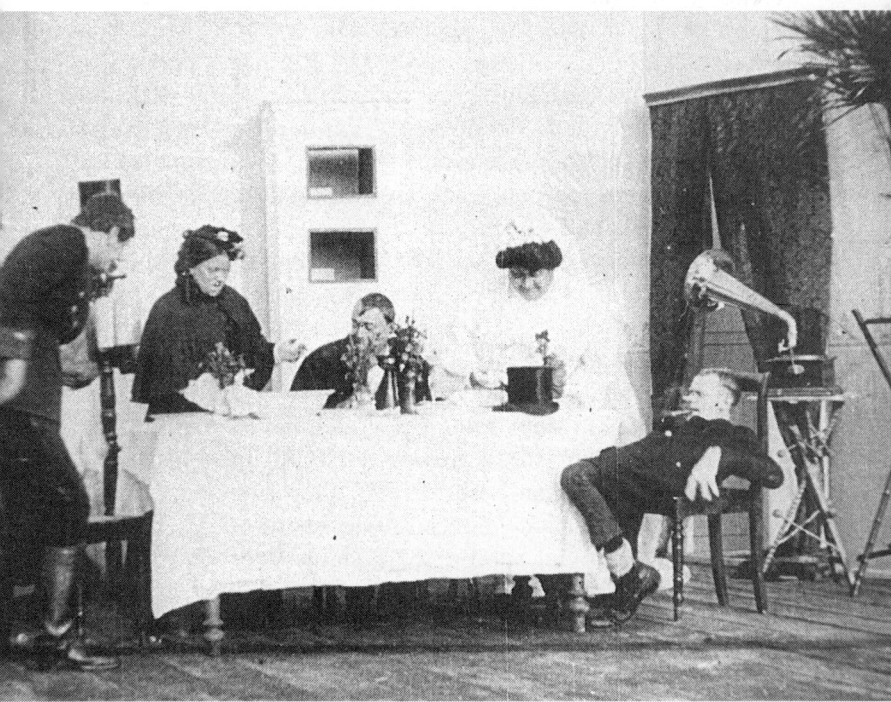

Satire mit Slapstick: ›Karl Valentins Hochzeit‹

In *Der Kuß* (1913), seinem ersten, fragmentarisch erhaltenen Film, zelebriert er – gekleidet in Ausgehrock und Zylinder – feierlich eine Kußszene. In *Karl Valentins Hochzeit* (1912/13) entwirft er eine bissige Satire auf die Institution der Ehe, nicht ganz frei von Klischees, die Valentin jedoch mit Slapstick-Einlagen elegant und geschickt umschifft. Ursprünglich wurde der Film 1912 auf dem Gelände hinter den Münchner Kammerspielen und der Augustinerstraße aufgenommen. Da das Material falsch belichtet war, wurde der Film im Jahr 1913 erneut gedreht.

Der Junggeselle und Freier Valentin reagiert in dem Film auf eine Heiratsannonce. Valentin, spindeldürr, auf dem Kopf einen Strohhut als krönenden Abschluß des langen Elends, an den Füßen spitze, vorne hochstehende Schuhe und in den Händen ein Blumensträußchen, klopft an die Haustür der Heiratswilligen. Die Tür geht auf, und sofort wird er von einer stämmigen Braut (Georg Rückert als Frau Walzenberger) ins Haus gezerrt. Bei Kaffee und Kuchen entschließt sich die Matrone schnell für den Karl und zwingt ihm sofort den Ehevertrag auf: »Nun sind wir einig, süßer Karl, unterschreibe den Ehekontrakt.« An der Kaffeetafel geht es dann richtig hoch her, effektvoll wird Tortencreme verspritzt, und schließlich entkommt in dem Durcheinander der Kanarienvogel ins Freie. Valentin, der dem Vogel nachhetzt, wird erschöpft mit einer Schubkarre weggefahren, nachdem auch noch seine tonnenförmige Angetraute auf ihn gefallen ist und ihn platt gedrückt hat.

Kritiker sehen in dem Film einen deutlichen Einfluß der französischen Filmgrotesken aus der damaligen Zeit. Die Ehe als Gefangenschaft, der Verlust sämtlicher männlicher Freiheiten, das ist hier Valentins bodenständiges Thema, das – verbunden mit viel Spaß und Klamauk – bei einem kleinbürgerlichen Publikum gut angekommen sein dürfte. Der auch 1913 entstandene Stummfilm *Die lustigen Vagabunden* ist ebenfalls eine naive Annäherung an die neue Filmkunst: Die gestrenge Obrigkeit in Gestalt eines tumben Polizisten (Valentin als Bohnenstange in Uniform) visitiert zwei

Die Bohnenstange »versteckt« sich hinter einer Stange …

Vagabunden, die sich fröhlich der Verhaftung entziehen und aus dem Verfolger einen Verfolgten machen.
Wie geschickt Valentin die Locations wählte, um die Wirkung seiner spindeldürren Person hervorzuheben, zeigt dieser Stummfilm deutlich: Der dürre Schlangenmensch Valentin agiert vor einem Lattenzaun mit zugespitzten Stecken, an dem er zuletzt hilflos hängt. Valentin nutzt sehr stark Slapstick-Effekte und Tempo. Der Kontrast zu seinem späteren Stil, der weitgehend auf große Action verzichtet, wird in *Die lustigen Vagabunden* besonders deutlich. Allzuviel Action, das hat Valentin wohl schon früh entdeckt, mindert seine Wirkung.
Die Kritiker Hans Scheugl und Ernst Schmidt, die Ende der 60er Jahre Valentin für sich entdeckten, schreiben dazu in

... und endet an spitzen Stecken: ›Die lustigen Vagabunden‹ (1913)

»Film«, 12/67: »Die Verfolgungsjagden in seinen frühen Filmen sind für Valentin mehr Gelegenheit, einzelne absurde Gags zu demonstrieren (er versteckt sich zum Beispiel auf einer Wiese hinter einer nur zentimeterdicken Stange), als eine Geschichte zu erzählen. Die komplexeren Strukturen seiner späteren Filme, die sich aus der exakten Beobachtung genormter und entfremdeter menschlicher Beziehungen ergeben, sind in seinen frühen Filmen nur in Ansätzen erkennbar. Erst der Tonfilm ermöglicht ihm mit Verfilmung seiner Theatersketche Regelmäßigkeit.«

Den Tücken des kleinbürgerlichen Lebens auf die Spur zu kommen, war eine der großen Gaben Valentins. Mit welcher Konsequenz Valentin dabei im Film vorging, zeigt *Der neue Schreibtisch* aus den Jahren 1914/15. Eine Produktion von

Peter Ostermeier, zu der Valentin das Drehbuch nach einem Münchner Bilderbogen von Emil Reinicke verfaßt hat. Der gelernte Schreiner darf sich als dilettierender Sägespezialist beweisen: Büroschreiber Valentin erhält ein Stehpult geliefert, das ihm zu hoch ist. Mit der Säge kürzt er die Füße. Da er falsch Maß nimmt, wackelt das Pult. Erneut muß die Säge ran, Karl Valentin erwischt die falschen Füße und sägt zu kurz.

Nach mehrmaligem Kürzen hat er nun ein Sitzpult, das immer noch wackelt. Also werden die Füße erneut gekürzt, bis das Pult keine Füße mehr hat. Damit wäre eigentlich diese Bürotragödie zu Ende. Doch Valentin gibt nicht auf. Das störrische Pult darf nicht Sieger bleiben: Also schneidet er Löcher in den Boden und steckt seine Beine hindurch. Voilà – der Schreiber ist tatsächlich Sieger über das widerspenstige Stehpult geblieben. Zumindest fast. Denn jetzt kracht die Decke durch, und der Schreiber landet in einem Friseurladen.

Ob sich bei *Der neue Schreibtisch* oder bei *Mysterien eines Frisiersalons* folgende in den »Jugendstreichen« erschienene Episode abspielte, ist nicht nachzuvollziehen: »Einmal sollte ich bei einer Filmaufnahme aus einem Friseurladen hinausgeschmissen werden. Voller Dreck saß ich auf dem Straßenpflaster, und Hunderte von Neugierigen, die sich damals eine Filmaufnahme keinesfalls entgehen lassen wollten, standen um den Schauplatz herum. Da es eine Freilichtaufnahme war, mußten wir auf die liebe Sonne warten ...

Wir mußten also ausharren, bis sie wiederkam, und einige Minuten später flog ich wieder erneut zum Friseurladen hinaus. Aber auch die spaßige Wolke schob sich wieder vor die Sonne, und mit der Aufnahme war es abermals Essig. Wir mußten diese wenigen Meter Aufnahme vier- oder fünfmal wiederholen.

Ich war das vom Film ja schon gewöhnt. Aber viel mehr als die neckische Wolke ärgerten mich die Saububen, die jedesmal schrien: ›Uh, jetzt hat er's wieder net kenna, jetzt muaß

›*Der neue Schreibtisch*‹ bereitet Schwierigkeiten ...

er's noch mal machen!‹, wenn der Regisseur bat: ›Noch mal, Herr Valentin!‹«

Für den Produzenten Peter Ostermeier stand Valentin auch für den Stummfilm *Erbsen mit Speck* oder *Ein Teller Erbsensuppe* vor der Kamera, der leider verschollen ist. Entstanden ist *Erbsen mit Speck* 1914 oder 1915 während des Ersten Weltkriegs in Münchens erstem Freilichttheater gegenüber dem Münchner Ostfriedhof. Valentin blieb dieser Film wegen des Titelmenüs besonders in Erinnerung: »Seit diesen Dreharbeiten kann ich dieses Gericht nicht mehr riechen«, beschwerte er sich, obwohl in diesen Kriegszeiten manch anderer froh gewesen wäre, eine Speckseite in der Erbsensuppe zu finden.

Sein Produzent Peter Ostermeier schrieb in seinem unveröf-

... doch Valentin findet eine »Lösung«

fentlichten Manuskript »Erfahrungen und Erinnerungen eines Filmbesessenen«: »... Eine Dorfschullehrerstelle wurde in einem kleinen Dorf neu besetzt. Den neuen Lehrer spielt Valentin. Nach Sitte wurde der Lehrer die erste Woche zum Mittagsbrot jeweils von einem anderen Bauern zu Tisch geladen. Es wurde herausgebracht, daß das Leibgericht des Lehrers Erbsen mit Speck sei. Und so mußte der Lehrer eine ganze Woche lang Erbsen mit Speck essen. War es schon schwer, in der Kriegszeit ein ordentliches Trumm Speck zu organisieren, so war es nach dem dritten Aufnahmetag beinahe unmöglich, in Valentins Magen noch einen Bissen dieses Gerichtes, welches er zu jeder Aufnahme wieder aufgewärmt vorgesetzt bekam, hinunterzubringen. Die Aufnahmen dauerten sechs Tage, und sechs Tage lang mußte

Valentin den Speck und die Erbsen hinunterwürgen. Die Qualen, die der Komiker dabei auszustehen hatte, waren ganz und gar nicht komisch!«

Zu den ebenfalls verschollenen Filmen *Der Einbrecher* von 1914 und *Karl Valentin auf der Wiese* mit den alternativen Titeln *Karl Valentins Oktoberfestwiese* oder *Karl Valentin auf der Festwiese,* ebenfalls aus den Jahren 1914/15, sind leider keine Aufzeichnungen vorhanden.

DADAistische Ausflüge

Von vielen Valentin-Film-Kennern wird der 1922/23 entstandene Stummfilm *Mysterien eines Frisiersalons* nahezu als Kultfilm mystifiziert.
Dennoch ist *Mysterien eines Frisiersalons* der vielleicht am wenigsten Valentinsche Stummfilm. Der Film gleicht einer Versuchsreihe mit makabren Einfällen, an denen sich mehrere Talente versucht haben. Erich Engel (nicht zu verwechseln mit dem Regisseur Erich Engels, mit dem Valentin später mehrere Filme drehte) und Bertolt Brecht haben Regie geführt. Valentin ist zwar eine zentrale Figur des Films, doch zwischen der vielfältigen und kuriosen, oft überladenen Handlung kann er sein eigentliches Talent nur bedingt entfalten. Der Münchner Valentin-Film-Kenner Ulrich Kurowski schreibt denn auch über *Mysterien eines Frisiersalons:* »Aus einem Speicher in der Münchner Tengstraße streckte ein Team von Filmunerfahrenen seine Hände nach dem Weltfilm, nach romantischem kalifornischem Licht aus.«
Mysterien eines Frisiersalons ist eigentlich so etwas wie ein Boheme-Film; ob darin auch dadaistische Momente zu finden sind, wie einige Kritiker meinen, sei dahingestellt – zumindest scheinen die Produktionsverhältnisse bei diesem Werk deutlich durch. Finanziert wurde der Film angeblich von einem reichen Schieber, der seinem Bruder, einem schlechten Schauspieler, einen Start in der Filmbranche verschaffen wollte.
Von wem nun die Idee zu dem Film kam und wer das Drehbuch verfaßt hat, ist angesichts der etwas chaotischen Handlung nebensächlich. Erich Engel erinnert sich in einem Gespräch mit dem Filmhistoriker Wolfgang Gersch, daß die Abende nach den Dreharbeiten am schönsten waren. »Ich habe so einen Spaß nie wieder erlebt.«
Man spürt instinktiv, daß in *Mysterien eines Frisiersalons* sich

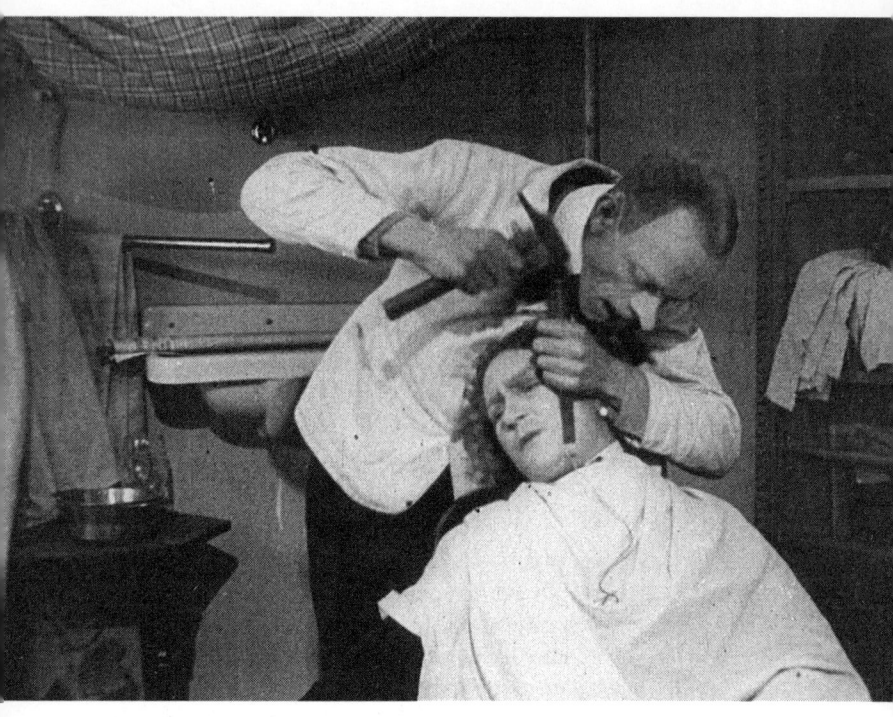

Die Kunden werden malträtiert: ›Mysterien eines Frisiersalons‹

Intellektuelle mit kindlicher Freude einem neuen Medium nähern. Kein eigentlicher Stil ist erkennbar – außer dem Versuch, eine möglichst absurde und verrückte Handlung auf Zelluloid zu bringen. Die meisten Darsteller brachten Brecht und Engel vom Theater mit, darunter Kurt Horwitz (der Geköpfte), 1953–1959 Intendant des Bayerischen Staatsschauspiels, Blandine Ebinger (Lehrling), Hans Leibelt (Besitzer), Carola Neher (Dame im Café) und der bekannte Schauspieler Erwin Faber (Professor). Valentin spielt einen grausamen Frisiergesellen, der sich während der Handlung als Scharfrichter erweist.

Die Story dreht sich um einen Frisiersalon, in dem die Kunden scheinbar so lange auf die Bedienung durch den Gesellen (Valentin) warten müssen, bis ihre Bärte schier endlos wuchern. Furunkel werden von ihm mit einer Beißzange beseitigt. Liesl Karlstadt wird hierbei ein frühes Opfer von Valentin. Die Frisur eines eitlen Professors (Erwin Faber) wird völlig verunstaltet, weil der Geselle eine falsche Vorlage erwischt hat. Vom stolzen Haupthaar des Professors bleibt nur ein chinesischer Zopf übrig. Parallel hierzu wird die Geliebte des Professors von der Tochter des Salonbesitzers im Sessel gefesselt und malträtiert, weil diese selbst in den Professor vernarrt ist.

Um seinen verunstalteten Kopf zu verbergen, greift der Professor in einem Café nach einem fremden Hut, was ihm ein Duell einbringt. Bevor das Duell stattfindet, schneidet Valentin dem Duellgegner, als der den Frisiersalon besucht, aus Versehen den Kopf ab. Dies wirft allerdings keine größeren Probleme auf: Wie im Comic strip kommt per Bandage und Kleber der Kopf wieder dran. Dennoch erschießt der undankbare Kunde den Gesellen.

Um ihren geliebten Professor zu schützen, klebt die Tochter des Salonbesitzers einen Haken an den Kopf des Gegners. Als es für den Professor gefährlich wird, wird der Kopf des Gegners weggerissen – und dem Happy-End steht nichts mehr im Wege. Selbst der Geselle Valentin lebt wieder – er holt die tödliche Pistolenkugel einfach aus seiner Jacke.

Mysterien eines Frisiersalons ist das Zeugnis einer einmaligen Zusammenarbeit bekannter Münchner Avantgarde-Künstler, die nie mehr gemeinsam auftraten. Der Filmhistoriker Ulrich Kurowski zieht starke Parallelen zu Buñuel und erkennt surrealistische Vermählungen. Er berichtet, daß wenige Jahre nach diesem Zufallsprodukt die meisten Mitwirkenden in alle Winde zerstreut waren: »Blandine Ebinger ging in die USA, Carola Neher in die Sowjetunion, wo sie umgebracht wurde. Kurt Horwitz ging in die Schweiz. Bertolt Brecht ... ging in die USA ... Otto Wernicke, Hans Leibelt, Erwin Faber hatten Schwierigkeiten wegen ›jüdischer Versippung‹. Josef Eichheim wurde Nazi.«

Mysterien eines Frisiersalons ist ein verrückter und spielerischer Film, der trotz seiner blutrünstigen Handlung wie eine

Mischung aus Comic und Slapstick wirkt. Er bringt wenig von dem, was Valentin im Film zeigen wollte – keine Abgründe der Kleinbürgerseele, die er boshaft und allzuoft bösartig malträtierte.

Alle Beteiligten waren wohl auf ihr absurdes, dadaistisch anmutendes Werk, vor wenigen Jahren vom Münchner Filmmuseum mühsam rekonstruiert, stolz – bis auf Valentin. Denn er ließ die Aufführung des Werkes damals kurzerhand verbieten. Nach den Dreharbeiten hatte er sich während eines Gastspieles in Wien in ein Kino verirrt und dort einen Vorläufer der amerikanischen Horrorfilme gesehen, dessen Plot den *Mysterien eines Frisiersalons* sehr ähnlich war. Da dieser amerikanische Film bereits vorher entstanden war, verdächtigte er die Co-Autoren des Plagiats und sorgte

In ›Mysterien eines Frisiersalons‹ war Valentin nur eine Randfigur

dafür, daß *Mysterien eines Frisiersalons* aus dem Verkehr gezogen wurde. Nicht mehr zu klären ist, ob sich Valentin tatsächlich daran störte, in einem Plagiat zu spielen, ihm im nachhinein die groteske, überdrehte Handlung mißfiel – oder ob er spürte, daß er hier, anders als in seinen meisten Filmen, nur eine Randfigur war. *Mysterien eines Frisiersalons* ist heute weitgehend Cineastenkreisen vorbehalten. Die starke Beachtung durch die Kritik ist auf die einmalige Zusammenarbeit von Valentin und Brecht zurückzuführen.

Wie sehr Bert Brecht Valentin und sein Genie als Autor und Darsteller geschätzt hat – und wohl deshalb auch dieses gemeinsame Unternehmen initiierte –, beweisen zwei Zitate: »Es ist nicht einzusehen, inwiefern Karl Valentin dem großen Charlie, mit dem er mehr als den fast völligen Verzicht auf Mimik und Psychologismen gemein hat, nicht gleichgestellt werden sollte, es sei denn, man lege allzuviel Gewicht darauf, daß er ein Deutscher ist.« Und weiter: »Dieser Mensch ist ein durchaus komplizierter, blutiger Witz. Er ist von einer trockenen, inneren Komik, bei der man rauchen und trinken kann und unaufhörlich von einem innerlichen Gelächter geschüttelt wird, das nichts besonders Gutartiges hat … Wenn dieser Mensch, eine der eindringlichsten geistigen Figuren der Zeit, den EINFÄLTIGEN die Zusammenhänge zwischen Gelassenheit, Dummheit und LEBENSGENUSS leibhaftig vor Augen führt, lachen die Gäule und merken es tief innen.«

Brecht spielt hier auf die Direktheit, die Unmittelbarkeit an, mit der Valentin seine Botschaft verkündete, quasi nebenbei, ohne große Mühe – und doch so eindrucksvoll, daß sie tief ins Mark des Zuschauers vordringt.

Verschollenes *Fernkino*

Über zehn Valentin-Filme aus den 20er Jahren gelten als verschollen. Abgesehen von *Mysterien eines Frisiersalons* und *Der Sonderling* gibt es aus den 20er Jahren leider kaum erwähnenswerte Valentin-Filme, die erhalten sind. Möglicherweise könnten die über zehn verschollenen Filme aus dieser Zeit mehr über Valentin als Film-Phänomen berichten und darüber, wie er diese Zeit sah. Denn es finden

›Der Feuerwehrtrompeter‹ (1929/30)

sich in der Liste verschollener Filme nicht nur solch verheißungsvolle Titel wie *Die Schönheitskonkurrenz* oder: *Das Urteil des Paris* von Robert Reinert, *Drei Stunden im Himmel, Die harten Köpfe, Snip, der springende Punkt* und *Der verhexte Notenständer,* sondern auch Themen, die sich mit der Zeit und ihren Persönlichkeiten auseinandersetzen, darunter Filme mit dem Flieger-Star Ernst Udet (1920/22); *Mondflug und Raketenflugzeug* ist ein weiterer Titel. Einen Blick in die Medienzukunft wagt Valentin mit dem Film *Fernkino* im Jahr 1929. Im gleichen Jahr lieferte er auch *Valentins humoristische Wochenschau* und eine Hommage an seinen Lehrberuf, die mit *Schreinerwerkstätte* (1928/29) betitelt ist.

Die Titel zeigen seine Vielseitigkeit in der Themenwahl und könnten über die Entwicklung seiner filmischen Mittel, die – vergleicht man seine Slapstick-Anfänge etwa mit *Der Sonderling* – immer reifer, professioneller und persönlicher wurden, eine Menge mitteilen.

Was aus dem ebenfalls 1929 oder 1930 entstandenen stummen Film *Der Feuerwehrtrompeter* – als Fragment erhalten – hätte werden können, wenn Valentin seine sprachliche Kraft hier hätte entfalten können, beweist sein Text zum Stück. Da wird dem Feuer vorgeworfen, daß es ausgerechnet nachts kommt, den Leuten, daß sie ihn, den Signaltrompeter, mit einem Feuerwehrmann verwechseln und auch noch das Ansinnen an ihn richten, ihre Kinder zu retten. Ein Beamter, so Valentin, ist im Dienst erst mal Beamter. Mensch ist er höchstens nach Feierabend – falls er Lust dazu hat. Als Feuerwehrtrompeter ist der Misanthrop Valentin in seinem Element: Fleht ihn eine Mutter an: »›Bitte schön, Herr Feuerwehrmann, holen Sie mir mein kleines Kind herunter vom fünften Stock, das liegt in der Wiegn drinnen und muß sonst verbrennen.‹ – ›Liebe Frau‹, hab ich gesagt, ›das geht mich nichts an, das müssen Sie dem Feuerwehrmann sagen, ich bin der Trompeter; aber daß Sie sehen, daß ich auch tue, was in meinen Kräften steht: blasen tu ich Ihrem Kind schon, daß es runterkommen soll.‹«

Vom Oktoberfest zum »Sonderling«

Das Oktoberfest ist für Valentin – da ist er ein echter Münchner – ein zentrales Thema. Die »Wiesn«, abgesehen von ihren kommerziellen Aspekten und Auswüchsen, ist bis heute ein Stück populärer Münchner Kultur geblieben. Das Ansehen eines Münchners wird nicht zuletzt daran gemessen, wie oft und von wem er auf die Wiesn eingeladen wird. Ein Muß also für Valentin, der das Thema nach 1914/15 – das Material ist verschollen – 1921 erneut aufgriff (der Film *Karl Valentin und Liesl Karlstadt auf der Oktoberfestwiese* taucht in der Filmographie 1923 auf und ist möglicherweise ein Ausschnitt des Oktoberfestfilms von 1921, Regie Josef Schmidt).

Daß ausgerechnet das Oktoberfest für ihn zur rechten Qual wurde, beschreibt Valentin in seinen Erinnerungen: 1921 sei es ihm bei Aufnahmen auf dem Oktoberfest besonders schlecht ergangen. Er selbst nennt allerdings keinen Titel. Möglicherweise handelt es sich dabei um den verschollenen Film *Drei Stunden im Himmel* oder viel wahrscheinlicher um die erste Fassung von *Karl Valentin und Liesl Karlstadt auf der Oktoberfestwiese.* Jedenfalls wurde das lange Leichtgewicht (Valentin wog 55 Kilogramm) während der Aufnahmen vor vielen tausend Menschen auf der Theresienwiese von einem Flaschenzug 20 Meter in die Luft gezogen. Da Valentin unsachgemäß angeschnallt war, schnitt ihm der Riemen so sehr ins Fleisch, daß er vor Schmerzen schrie. Doch darauf nahm der Regisseur keine Rücksicht, obwohl ihm die Augen bereits aus den Höhlen traten. Im Gegenteil, die Qual wurde noch erhöht, als man seine Partnerin Liesl Karlstadt auch noch an seinen Füßen anhängte und beide hochzog. Nach dieser Stunt-Einlage beschloß Valentin, nie mehr zu filmen. Wahrgemacht hat er seine Drohung zum Glück nie.

In der Ouvertüre von *Karl Valentin und Liesl Karlstadt auf*

Eine rechte Qual: Valentin geht auf dem Oktoberfest in die Luft

der Oktoberfestwiese wird gezeigt, wie ein junges hübsches Mädchen der Karlstadt einen neuen Ausgehhut für das Oktoberfest bringt. Ein Mädchen, mit dem Valentin wohl viel lieber auf die Wiesn gehen würde, wie sich bald zeigt. Denn auf der Festwiese angekommen, versucht Valentin vor seiner Frau zu fliehen. Valentin und Karlstadt besuchen eine Bude, in der es Menschenfresser geben soll. Danach wird Valentin als Opfer eines indianischen Messerwerfers ausgewählt und reißt dem Indianer die Perücke herunter, der nun ein ganz normales Bleichgesicht ist.

Das Spiegelkabinett schafft es, Valentins Physiognomie noch grotesker zu zeigen. Im Flohzirkus gibt es Hautkontakt mit den Artisten.

Endlich gelingt ihm die Flucht von der Angetrauten, nach-

›Karl Valentin und Liesl Karlstadt auf der Oktoberfestwiese‹ (1923)

dem er sie beim Ausholen mit dem Holzhammer bei »Hau den Lukas« k.o. geschlagen hat.

Den Bummel setzt er mit dem jungen hübschen Mädchen fort, bis die Karlstadt am Riesenrad beide entdeckt und über die Festwiese verfolgt. Zum Schluß muß Valentin noch einen Boxkampf bestehen und entkommt an einer Traube Luftballons in die Luft. Als Kontrast zu Valentins Oktoberfest-Auftritten sollte man sich Herbert Achternbuschs *Bierkampf* anschauen, der mit bitterbösem Blick das Bierfest einfängt und in einem totalen rauschartigen Niedergang zeigt. Dort, wo Valentin vor der Angetrauten flieht, flüchtet der Bierkämpfer Achternbusch vor dem lebensbedrohenden Gaudium bierseliger Zeitgenossen.

Lokalpatriotismus besonderer Art mit einem kleinen multimedialen Ausflug stellt der kurze Stummfilm *Mit dem Fremdenwagen durch München* (1929) dar. Der nur wenige Meter lange Film, der den Anfang und das Ende einer Stadtrundfahrt zeigt, sollte wohl den Rahmen für eine multimediale Lichtbilderschau mit Münchner Sehenswürdigkeiten bilden, die Valentin und Karlstadt als Erklärer über Lautsprecher abwechselnd kommentieren: »Ein Brunnen, der einen wäßrigen Eindruck macht. Der Hauptbahnhof ist der Treffpunkt aller fremden Reisenden. Der goldene Friedensengel ist aus Erz, sozusagen der Erzengel Friede. Was der während des Weltkrieges da oben getrieben hat, ist allen unerklärlich.« Und zum Schluß: »Vor Ihren Augen erblicken Sie das Symbol der Kunststadt München, das Hofbräuhaus. Hier rufen wir aus: Eins, zwei, drei, gsuffa!!!«

Wenn man weiß, daß Valentin ein geradezu fanatischer Sammler von Fotografien mit Ansichten Altmünchner Häuser und Straßenzüge war, kommt diesem kurzen Film natürlich eine besondere Bedeutung zu. Der Text ist eine Mischung aus Informationen über München, gepaart mit Wortspielen und Anekdoten, wobei oft die klare Information überwiegt.

Im gleichen Jahr entsteht ein nur 161 Meter langes, stummes Filmfragment, das aus Schlußszenen der Stücke *Orchesterprobe* und *Der Zithervirtuose* besteht, betitelt *Karl Valentin als Musical-Clown*. Diese Aufnahmen dokumentieren mehr oder weniger die Absicht Valentins, seine vergängliche Theaterarbeit ins Medium Film herüberzuretten, damals noch mit den Mitteln des Stummfilms, die er hier brillant beherrscht. Ein nur 20 Meter langes, ebenfalls stummes Filmdokument, in dem Valentin seine berühmte Froschfratze zeigt, enthält Porträtaufnahmen von Valentin und Liesl Karlstadt, »bürgerlich«, ohne Maske.

1929, nachdem der Ton im Kino längst seinen Siegeszug angetreten hat, wagt der Regisseur Walter Jerven mit *Der Sonderling* einen letzten Stummfilm mit Valentin. Jerven,

Regisseur und Drehbuchautor, stellt sich die berechtigte Frage: »Ohne Ton – kann das gutgehen?«

Für Zeitzeugen, die Valentin live auf der Bühne erleben durften, war grundsätzlich klar, daß der »umwerfende« Live-Charakter, dem Valentin seinen Ruf verdankte, im Film nicht rüberkommen würde.

In einer Kritik aus dem Jahr 1979 (»Filmbeobachter« 1/79) greift Axel Winterstein diese Argumentation auf und meint, daß dieser Film eine Reminiszenz an die Nachgeborenen sei, frei nach Valentin, der einmal eine Brille ohne Gläser auf der Nase hatte und das kommentierte mit: »Besser als gar nix.«

Obwohl es sich bei *Der Sonderling* weniger um einen originären Valentin-Film handelt als um ein Lustspiel, wird dem »Sonderling allgemein bestätigt, daß der Film die Qualitäten von Valentin durchaus ins Spiel bringt. Valentin schlüpft in

Die berühmte Froschfratze

die Rolle eines Schneidergesellen, Liesl Karlstadt ist Paula Kuhn, die Frau des Meisters. Wie der Titel schon sagt, spielt Valentin einen Außenseiter, was seinem radikalen Rollenverständnis sehr entgegenkommt. Die ganze Leidenschaft des Gesellen ist das Briefmarkensammeln und sein ganzer Traum der unerschwingliche bayerische Schwarze Einser. Ihre Sympathie für den jungen Gesellen treibt die Meistersgattin dazu, ihm vom heimlich Ersparten die wertvolle Marke für 100 Mark zu kaufen. Als Überraschung klebt sie ihm die Marke ins Album.

Als zur gleichen Zeit aus der Weste eines Kunden 100 Mark verschwinden, verdächtigt man Valentin, der ins Gefängnis wandert. Der Irrtum klärt sich zwar bald auf, doch Valentin erträgt die Schmach, im Gefängnis gesessen zu haben, nicht. Seine Selbstmordversuche scheitern jedoch.

Wo bleibt die Komödie? Valentins Stärke als Pantomime bietet einen Drahtseilakt zwischen Lachen und Verzweiflung. Das beginnt bereits, wenn Valentin seine langen Beine zum Schneidersitz verhakt, linkisch gegen die Tücke des Objekts kämpft, sich in Stoffballen verheddert und als Selbstmörder versucht, mit dem Kopf gegen die Wand zu rennen – die Wand hält seinem Schädel allerdings nicht stand. Auch das Gas wird genau in dem Moment abgedreht, als er den Gastod sterben will. Nichts klappt, nicht einmal das Unglück funktioniert richtig. Als ihn die Frau des Meisters mit Kaffee und Kuchen umgarnen will, kommt ihnen eine Kundin dazwischen, die wiederholt stört. Der gedeckte Kaffeetisch muß immer wieder verdeckt werden, bis schließlich Geschirr, Kaffee und Kuchen auf dem Boden landen.

Zwischen Verwechslungskomik, Situationsgaudi und Slapstick, bei dem Valentin sein ganzes Können zeigen kann, gibt es auch originäre Valentin-Momente, etwa wenn er nach den vergeblichen Selbstmordversuchen von Liesl Karlstadt zur Motorradfahrt gebeten wird. Da erscheint in den Zwischentiteln der Spruch: »Ich bin doch nicht lebensmüde.« Ein anderer Zwischentitel dürfte auch von ihm sein. Als ihm

Liesl Karlstadt serviert Karl Valentin Kaffee und Kuchen: ›Der Sonderling‹

eröffnet wird, daß er unschuldig sei, fragt er voller Mißtrauen: »Warum?« Die wunderbare Antwort darauf ist: »Wir haben Beweise.« Für die Produktion des *Sonderling* gelang es Walter Jerven, eine Bank als Partner für eine »Karl Valentin Filmproduktion« zu gewinnen. Co-Regisseur war Franz Osten – ein Bruder von Peter Ostermeier, der mit Valentin schon vor dem Ersten Weltkrieg *Der neue Schreibtisch* und später *Erbsen mit Speck* produziert hatte. Die Herstellungskosten beliefen sich auf knapp 40.000 Reichsmark, von denen Valentin und Liesl Karlstadt 10.000 Mark Gage bekommen sollten – falls der Film seine Herstellungskosten einspielen würde. Viel von den Erlösen scheint an sie nicht geflossen zu sein, denn 1933 beschwert sich Valentin schriftlich, daß bisher keine Gage bezahlt wurde.

Alles nur Theater? – Die ersten Tonfilme

Anfang bis Mitte der 30er Jahre entstehen Karl Valentins populärste Filme, die bis heute immer wieder erfolgreich ins Kino vordringen. Wenn jemand von »Valentin-Filmen« spricht, denkt er in der Regel an diese Zeit, obwohl Valentin zu Beginn der 30er Jahre schon 20 Jahre Filmerfahrung besitzt. Die Erklärung für die Popularität dieser Filme aus den 30er Jahren, die bis heute anhält, ist ziemlich einfach: Im Tonfilm konnte Valentin sein ganzes Können – insbesondere seine phantastische Sprachfertigkeit – in aller Brillanz entfalten.
Hinzu kommt, daß für Produzenten und Regisseure

Der Ton macht die Musik: Valentin mit »Stimmgabel« in ›Orchesterprobe‹ (1933)

Valentin-Filme zumindest in der ersten Hälfte der 30er Jahre ein sicheres Geschäft darstellten.
In dieser Zeit entstehen auch zahlreiche Filme, die nicht unbedingt von Valentin initiiert wurden, sondern ihn und Liesl Karlstadt als attraktive und zugleich kassenträchtige Zugabe einsetzen. Mit seinen Auftritten in diesen Filmen hatte Valentin nicht immer so viel Glück wie bei Max Ophüls, der ihn für seinen Langfilm *Die verkaufte Braut* (1932) – frei nach Smetana – besetzte. In ihrem ersten erhaltenen Tonfilm übernahmen Valentin und Karlstadt Gastrollen als Zirkusdirektor und dessen Gemahlin. Ihre Auftritte und Dialoge sind reine Valentin-Komik, was Max Ophüls in seinen Erinnerungen »Spiel im Dasein. Eine Rückblende« offen zugibt.
Die Besetzung mit Valentin war nicht ganz einfach. Von Anfang an wehrte er sich, einen Vertrag zu unterzeichnen. »Ich unterschreib nur was, wenn S' das hineinschreiben, daß ich net ins Wasser springen oder durch den Schornstein muß. Außerdem – dös Photographiern mag i aa net. Diese Apparate ... Un wenn S' wollen, daß i spiel, i kann net sag'n, was gedruckt is; dös müssen S' mir immer vorher sag'n, was i sag'n soll. Un allein sag'n kann i's aa net, da bleib i steck'n. Das Fräulein muß es mit mir sag'n.«
Schutzbehauptungen oder tatsächliche Absicht, nicht spielen zu wollen?
Valentin übernahm trotz aller Einwände die Rolle und ist, wie man heute noch sehen kann, brillanter Mittelpunkt des Films. Ophüls: »Aus seiner Verdöstheit und bauernhaften Melancholie fielen dem Karl Valentin groteske Lustigkeiten ein, voller Philosophie und Tiefsinn. Er spielte in meinem Film den Inhaber eines kleinen Wanderzirkus. Er nahm das sehr echt. Als der wirkliche Zirkus auf dem Gelände in der Vorbereitungszeit aufgebaut wurde, half er bei den Arbeiten mit. Er hatte das Gefühl, er gehörte ihm.
An einem Morgen stand er da im Nebel, eine traumhafte Sancho-Pansa-Gestalt, und malte auf das Zelt: ›Wer diese Leinwand zerschneidet und wird dabei erwischt, wird

bestraft.‹ Als wir über die Gage mit ihm sprachen, meinte er: ›Viel Geld brauch i net, weil i net weiß, was i damit anfangen soll. Das Fräulein hab i eh, der Doktor hat mir verboten, mehr Bier zu trinken als drei Glas pro Tag – einen Sohn hab i im Gefängnis. I mag ihn net, un hinterlassen will i ihm nix.‹«

Der Kunde stört nur! – oder Arbeitsmoral *Im Fotoatelier* (1932)

»... den fotografier ich auswendig« ist einer der Schlüsselsätze, den Karl Valentin als Gehilfe Heinrich *Im Fotoatelier* in den Raum wirft, als die gläserne Fotoplatte mit der Aufnahme einer Kundin zu Bruch geht (damals diente Glas als Trägermaterial für die lichtempfindliche Schicht).
Man kann sich vorstellen, was in der weiteren Filmhandlung folgt. Leider hat der Meister davon keine Ahnung, als er zu einer kurzen Reise aufbricht und das Atelier seinem Gehilfen (Valentin) und Lehrling Anton (Liesl Karlstadt) überläßt. Bitterlich beklagen sich beide beim Meister, daß sie nicht das Fotografieren, sondern nur das Entwickeln gelernt hätten – und was sollen sie nun machen, wenn gleich Tausende von Kunden kommen?
Beide beschließen, »die Arbeit zuzudecken«, damit sie sie nicht mehr sehen und die Kundschaft zu einem anderen Fotografen schicken können. Doch ihr Vorhaben, sich einen guten Lenz zu machen, wird vereitelt, als der Meister noch mal zurückkommt und ein zweites Mal prüft, ob die beiden der Kundschaft die Tür öffnen.
Eine Kundin, die ihr Kind fotografieren lassen will, läßt sich nicht abwimmeln und wird entsprechend pampig bedient. Als nächstes bringen die beiden einen grimmig blickenden Scharfrichter zur Verzweiflung, der nicht lächeln möchte. Valentin droht, ihn mit der Kamera hinzurichten. Zuletzt kommt ein Brautpaar; der Bräutigam ist riesengroß, so daß sein Kopf vom Türrahmen verdeckt und nur die kleine Braut zu sehen ist, wenn sie vor der Tür stehen. Die Braut bringt es nur auf Zwergenmaß. Das Problem, die beiden gemeinsam auf ein Bild zu bekommen, gehen Valentin und Karlstadt äußerst geistreich an. Faul fragt Valentin: »Muß denn der Kopf überhaupt drauf?« Dann schlagen sie vor, den Bräutigam ohne Kopf zu fotografieren, um den Kopf später

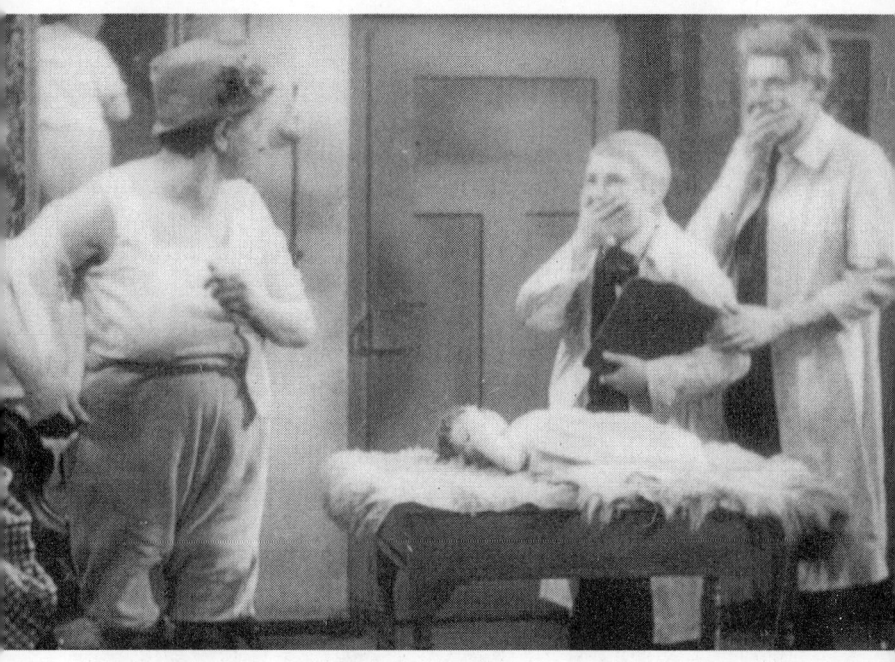

Gehilfe Valentin und Lehrling Karlstadt amüsieren sich köstlich: ›Im Fotoatelier‹

anzupappen, dann probieren sie es mit Hinknien. Ein Brustbild verweigert Valentin, weil die Braut keine Brust hat. Schließlich wollen sie auf eine Queraufnahme ausweichen – das Brautpaar soll sich einfach hinlegen. Auf alle Einreden des Bräutigams erklären ihm die beiden frech, daß sie nichts dafür könnten, daß er zu lang sei.

Im Fotoatelier ist in seinem dramatischen Aufbau, wie übrigens andere Filme und Stücke von Valentin auch, eine ideale Studie über Opfer-Täter-Beziehungen. Der Film reiht sich lückenlos in Valentins bissige Menschen- und Berufsstudien ein: Mit *Im Fotoatelier* decouvriert das Duo das Klischee des fleißigen und ehrbaren deutschen Handwerkers oder Angestellten, mit dem Valentin in zahlreichen seiner Filme aufräumt. Sein sarkastischer Humor dürfte der Wirklichkeit

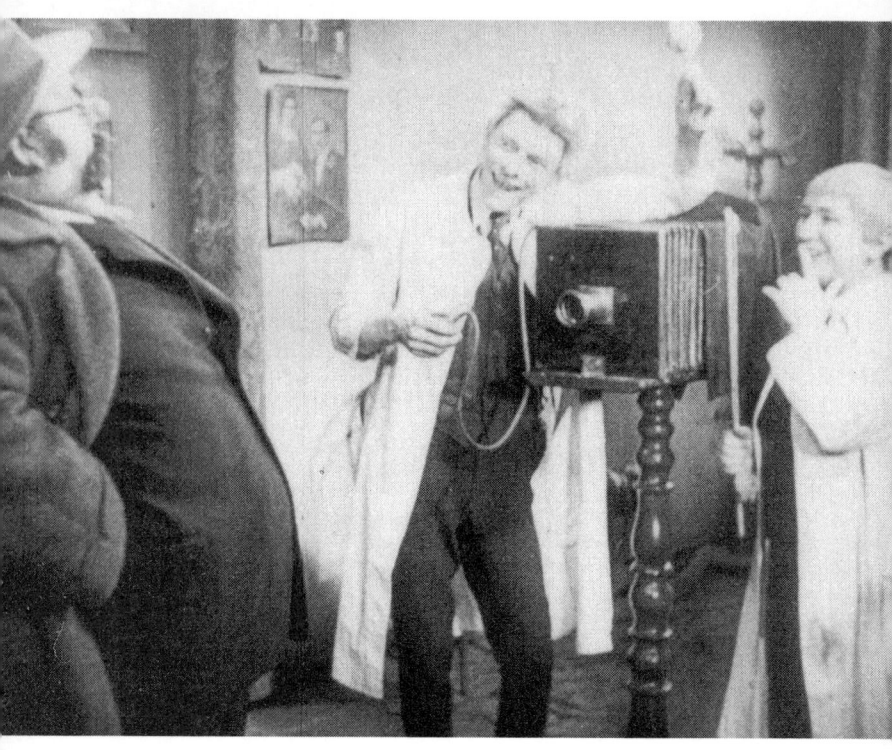

›Im Fotoatelier‹: Der Kunde ist der natürliche Feind des Angestellten

oft nahe kommen. Es geht hier zwar nicht so grausam zu wie in *Mysterien eines Frisiersalons,* wo er einem Kunden gleich das ganze Haupt absäbelt, doch leisten auch hier Valentin und Karlstadt ganze Störungs- und Zerstörungsarbeit. Der Kunde ist der natürliche Feind des Angestellten.
Sind *Im Fotoatelier* die Kunden die Opfer der Angestellten, so macht Valentin *Im Schallplattenladen* (1934) die Verkäuferin zum Opfer des Kunden. Der Film reiht sich lückenlos in Valentins Destruktions- und Verhinderungsspiele ein, sei das in *Der Theaterbesuch* (1934), in *Die Orchesterprobe* oder in *Beim Rechtsanwalt,* wo das Kommunikationsinstrument Telefon jegliche Kommuni-

Fröhliche Destruktion ohne Ende: ›Im Fotoatelier‹

kation verhindert. Hier wird übrigens Valentin ein Opfer der Umstände. Ob Musiker oder Elektriker *(Der verhexte Scheinwerfer),* Valentin und Karlstadt erschaffen Typen, die fröhlich alle Höhen und Tiefen der anarchischen Destruktion ausloten.

Die Tücken der Musik

In der Zeitschrift »Film« (12/67) schreiben Hans Scheugl und Erwin Schmidt, Valentin sei in den Musiksketchen das Opfer der Kunst, und in den Theatersketchen *Orchesterprobe* (1933) und *So ein Theater* (1934) sei die Kunst das Opfer Valentins.

In der *Orchesterprobe* spielt Valentin als Varieté-Musiker einen Störenfried, der den Beginn der Probe verhindert. Von Kollegen läßt sich Valentin zu einer Schimpftirade auf den Kapellmeister (Liesl Karlstadt) hinreißen, ohne zu realisie-

Ein Duell mit dem Dirigenten: Valentin und Karlstadt in ›Orchesterprobe‹

ren, daß dieser längst eingetroffen ist und mithört. Anschließend verwickelt er den Kapellmeister in unnütze Dialoge und macht ihn auf seinen verrutschten Schlips aufmerksam. Ungehalten erwidert dieser: »Ich werde mich doch deswegen nicht aufhängen!« Frech setzt Valentin eins drauf: »Warum nicht, alles geht, wenn man den guten Willen dazu hat.«

Kaum beginnen die Musiker endlich zu spielen, bricht der Kapellmeister ab und stellt fest: »Es fehlt der Rhythmus.« Karl Valentin darauf: »Den kenn' i net, aber sein' Bruder, glaub' i, den kenn' i.« Als der Kapellmeister schließlich dazu auffordert, so zu spielen, wie er dirigiert, entfährt es Valentin: »Dös gibt a Gaudi.«

Danach spielt Valentin Geige. Der Bogen dient ihm als Waffe, um sich mit dem Dirigenten zu duellieren. Anschließend entspinnt sich der berühmte Dialog über den Zufall, in dem Valentin erklärt, daß er in der Bahnhofstraße mit einem Bekannten über Radfahrer gesprochen habe – und da sei gerade einer vorbeigekommen. Den Einwand des Kapellmeisters, daß täglich Tausende durch die Bahnhofstraße radeln, läßt er freilich nicht gelten – grad *einer* sei es gewesen, und nicht Tausende. Logisch!

Die Ondra-Lamac-Produktion, in Geiselgasteig gedreht, ist kompiliert aus den Stoffen der Bühnenepisoden *Das komische Orchester, Theater in der Vorstadt, Hoffmanns Erzählungen, Der Zufall* und *Dichter und Bauer* des Valentin-Stückes *Tingeltangel*. Geschickt hat Valentin die besten Szenen ins Kino herübergerettet. Mit *Tingeltangel* hat er auch in Berlin gastiert, wie Kurt Tucholsky in seinem Bericht »Der Linksdenker« festhielt.

Tucholsky gibt eine unvergleichliche Schilderung über Wirkung, Können und Kunst Valentins: »… Ich kam zu spät ins Theater. Der Saal war bereits warm und voller Lachen. Es mochte gerade begonnen haben, aber die Leute waren animiert und vergnügt wie sonst erst nach einem guten zweiten Akt. Am Podium auf der Bühne saß ein Mann mit aufgeklebter Perücke, er sah aus, wie man sich sonst wohl einen

»Höllentanz der Vernunft um beide Pole des Irrsinns«

Provinzkomiker vorstellt: ich blickte angestrengt auf die Szene und wußte beim besten Willen nicht, was es da wohl zu lachen gäbe ... Aber die Leute lachten wieder, und der Mann hatte doch gar nichts gesagt ... Und plötzlich schweifte mein Auge ab, vorn in der ersten Reihe saß noch einer, den hatte ich bisher nicht bemerkt, und das war: ER.
Ein zaundürrer, langer Geselle, mit stakigen, spitzen Don-Quichotte-Beinen, mit winkligen, spitzen Knien, einem Löchlein in der Hose, mit blankem, abgeschabtem Anzug. Sein Löchlein in der Hose – er reibt eifrig daran herum. ›Das wird Ihnen nichts nützen!‹ sagt der gestrenge Orchesterchef. Er, leise vor sich hin: ›Mit Benzin wärs schon fort!‹ Leise sagt er das, leise, wie es seine schauspielerischen Mittel sind ...
Und es beginnt die seltsamste Komik, die wir seit langem auf

der Bühne gesehen haben: ein Höllentanz der Vernunft um beide Pole des Irrsinns. Er ist eine kleine Seele, dieser Bläser, mit Verbandssorgen, Tarif, Stammtisch und Kollegenklatsch. Er ist ängstlich auf seinen vereinbarten Verdienst und ein bißchen darüber hinaus auf seinen Vorteil bedacht. ›Spielen Sie genau, was da steht‹, sagt der Kapellmeister, ›nicht zuviel und nicht zuwenig!‹ ›Zuviel schon gar nicht!‹ sagt das Verbandsmitglied ...«

Die Vorstadt gegen das Grand-Hotel

In der gleichen Zeit, 1933/34, entsteht der Schwank *Es knallt*. Adele Sandrock als Heiratsvermittlerin Frau von Gobelinski und Valentin in der Rolle des Kunstschützen Fürst werden hier Opfer einer Verwechslung. Als typischen Valentin-Film kann man den Kinoschwank von Helmut O. Kaps nicht bezeichnen. Valentin ist hier als derber Vorstadttyp besetzt, der für ein gutes Essen, das nichts kostet, bereit ist, eine langweilige, gutbürgerliche Gesellschaft zu ertragen. Daß er als Ehekandidat präsentiert wird, wurde ihm wohl erst gar nicht gesagt. Daraus entstehen dann die großartigen Mißverständnisse, von denen der Film lebt. Seine Höhepunkte gewinnt der Film allerdings auch durch das Gegenspiel zwischen Karl Valentin und Adele Sandrock. Inwieweit die Antipathie zwischen beiden – die Presse kommentierte dies genüßlich und ausführlich – tatsächlich zur Qualität des Films beigetragen hat, sei dahingestellt. Die Sandrock als Partnerin ist für Valentin jedoch nicht so bequem wie die Karlstadt, die hier eine Nebenrolle als Wirtin spielt.
Josef Eichheim, Gehilfe der Heiratsvermittlerin, hat seiner Chefin für die reiche amerikanische Kundin Miß Mable (Fee von Reichlin) einen Fürsten versprochen. Doch sein Fürst Hochheim, ein Großwildjäger, ist leider schon verheiratet, und so lädt er als Ersatz den Kunstschützen Josef Maria Anton Xaver Fürst zum Souper mit Miß Mable ins Grand-Hotel. Valentin fällt mit seinen derben Manieren mehr und mehr aus der Rolle, bis die Sandrock entsetzt entdeckt, daß der Fürst nur Fürst heißt und weder blaublütig noch Großwildjäger ist, sondern als Kunstschütze tingelt.
Während sie den ahnungslosen Valentin, der gar nicht weiß, wie ihm geschieht, empört als »Betrüger« hinstellt, entlarvt sie sich gleichermaßen als Kupplerin, der Valentin das Geschäft vermasselt. Valentin ist das egal. Er wollte sich nur

Ein falscher Fürst: Valentin als Scharfschütze in ›Es knallt‹

mal wieder richtig satt essen. Als Valentin die Hotelsuite betritt, in der das Dinner stattfindet, zieht er seine Jacke aus und ist während des Verlaufs des Essens ständig darum besorgt, daß ihm ja nichts aus der Jacke gestohlen wird. Bei einer so feinen Gesellschaft heißt es vorsichtig sein.
In einer kurzen Episode des Films sieht man den Auftritt des Kunstschützen: Das Gewehr rückwärts über die Schulter gelegt, versucht er über einen Spiegel anvisierte Luftballons zu treffen, was ihm nicht immer gelingt. Die Chefin droht, ihm dafür die Gage zu kürzen. Valentin: »Von keiner Gage kann man nichts abziehen.« Klar, daß er in solch einer Situation ein kostenloses Essen annehmen wird. Ohne Valentin und die Sandrock wäre *Es knallt* wohl nur ein flacher Schwank geblieben. Valentin wirkt hier zwar »einge-

setzt«, und die Rolle ist ihm nicht gerade auf den Leib geschnitten. Da er aber einen Fremdkörper in der bürgerlichen Welt des Grand-Hotels spielen muß, paßt dies. Ein Depp, der es denen da oben, die einen Fürsten wollten, gezeigt hat. Sie haben ihren Fürst schon gekriegt, aber ganz anders, als sie dachten.

Heiraten will einer wie der Kunstschütze Fürst in diese Gesellschaft nicht – das Essen kommt nicht schnell genug und das Trinken auch nicht.

Der Saboteur –
Verhinderungen auf höchstem Niveau

Eine Filmhandlung, bei der alles wie am Schnürchen läuft und anschließend der Musiker für seine Kunst Applaus bekommt, ist nicht Valentins Sache – die Kunst, aus der Frustration der handelnden Personen Schau- und Unterhaltungswerte zu ziehen, entwickelt Valentin zu großer Meisterschaft. In seinen Rollen sabotieren ihn die Wirklichkeit, die Mitmenschen und die Dinge – also sabotiert er zurück. Auge um Auge, Lacher um Lacher.

Daß bei dieser Vergeblichkeit im Kampf mit den Umständen nicht nur Frustration mitschwingt, wenn eine Sache nicht

›Der Theaterbesuch‹: Zuerst geht es um die Wurst – die größere

klappt, sondern auch Erleichterung, zeigt er in *Der Theaterbesuch* (1934). Ein kleinbürgerliches Ehepaar müht sich hier, pünktlich für das Theater ausgehfein zu werden, und stellt schließlich fest, daß man sich im Tag geirrt hat. Es bleibt ihnen ein ganzer Tag Schonfrist, bevor sie den Faust absitzen müssen.

Valentin ist nicht gerade glücklich über das Geschenk, das ihnen ihre Hauswirtin mit den beiden Theaterkarten gemacht hat: »Warum geht's net selber nei, des alte Luade?« fragt er. Karlstadt: »Ja mei, sie wird halt koa Zeit ham.«
Valentin:»Soso, sie hat keine Zeit, aber wir müssen schon Zeit habn.« Karlstadt: »Aber sei doch net so undankbar.« Valentin: »Das siehst doch ganz deutlich, daß die Frau irgendwas gegen uns hat, sonst tat's doch net ausgerechnet uns die Karten schenken.«

Die Karlstadt macht Valentin durch die Annahme der Karten zum Opfer, worauf er sich in den folgenden Szenen als Haustyrann aufspielt und sie in die Opferrolle drängt. Doch eigentlich sind beide Unterdrücker und Opfer zugleich.

Der Theaterbesuch ist ein Film über die Hölle der Kleinbürgerehe, wie Georg Seeßlen in seinem Buch »Karl Valentin – Eine Leidensgeschichte in zufällig ausgerechnet 7 Kapiteln« treffend schreibt. Die Frau, Liesl Karlstadt, weiß gar nicht, was sie anrichtet, als sie die zwei geschenkten Theaterkarten annimmt. Das Theater ist zwar nur eine kurze Straßenbahnfahrt entfernt, doch zwischen dem Ehepaar und dem Theater liegen ganze Welten. Der Zaun, der ihre kleinbürgerliche Welt umgrenzt, ist kaum sichtbar – abgesehen von der Dekoration einer kleinbürgerlichen Wohnküche mit Kuckucksuhr an der Wand und Würstl auf dem Tisch – er ist jedoch in ihrem Kopf zementiert.

Der Mensch, so Valentin, ist ein Gewohnheitstier. Und so zieht er sich auf der Glatze den Scheitel, weil er das von Jugend an so gewöhnt ist. Auf Befürchtungen seiner Frau, daß ihm dabei Haare ins Essen fallen könnten, reagiert er nicht. Da man aufs Theater nicht eingerichtet ist, entwickeln

Der Scheitel muß sitzen! (›Der Theaterbesuch‹)

sich schon allein aus der Frage, was man anziehen soll, kleine Katastrophen. Die letzte noch saubere Papierhemdbrust wird einfach zusammengerissen, bis sie paßt. Valentin kämpft gegen einen Klappspiegel und einen Kragenknopf, als ginge es ums nackte Leben.
Besonders grotesk sind ihre Überlegungen, wie sie ihrem Sohn mitteilen können, wo er das Essen zum Aufwärmen findet. Als sie endlich eine Lösung gefunden haben, vergessen sie auch noch, wie er heißt. Als es ihnen einfällt, schreibt Valentin einen Brief mit genauen Anweisungen, wie das Essen zu wärmen sei. Für den Fall, daß es der Sohn lieber kalt essen möchte, widerruft er die Anweisungen schriftlich. Endlich sind sie angezogen. Die Karlstadt hat erfolgreich einen Heulkrampf hinter sich gebracht, Valentin einen genauen Plan entworfen, wie sie pünktlich ins Theater kom-

men, da stellen sie fest, daß die Karten für die Vorstellung am nächsten Tag gelten. Ihr Spiel, das zwischen kleinbürgerlicher Vorstellungswelt und Ehestreit hin und her pendelt, ist köstlich und großartig, doch ohne Spur von Fröhlichkeit, eher von boshafter Schärfe. Liesl Karlstadt und Valentin balancieren zwischen Bösartigkeit und Lachen, ohne abzustürzen. Das ist die hohe Kunst der beiden. Wie sie ihren Zuschauern gestern wie heute eine Menge Identifikationsmuster bieten – und sie so ins Geschehen einbeziehen –, ist nicht weniger gekonnt, ebenso wie Valentin auf die Schlußpointe hinsteuert: Alles war wieder mal vergeblich, doch das ist nicht die eigentliche Katastrophe. Die Katastrophen laufen vorher ab, im Kleinen, und ballen sich schließlich zum Ergebnis der Vergeblichkeit.

Freilich darf in einem Film über den kleinbürgerlichen Küchenmief auch das Essen nicht zu kurz kommen. Da man sich in seinen eigenen vier Ehewänden nicht zu verstellen braucht und jeder sehen muß, wo er bleibt, schnappt sich Valentin die größte Wurst, wobei sich ihre Gabeln beim Kampf verhaken. Die Wurst wird abgemessen und vor dem Spiegel gegessen – da hat man zwei. Messen, das ist eine seiner Gesten, die in kaum einem Film der 30er Jahre fehlt. Da zeigt sich der Schreinergeselle, aber auch der Umstand, daß nur Genauigkeit zum Ziel führt. Bei den typischen Valentin-Filmen stimmen die Maße exakt, egal ob es sich um Timing oder Tempo handelt: Wie bei einem guten Möbelstück sind die Bestandteile perfekt zusammengesetzt.

Nicht mehr und nicht weniger verlangt Valentin in *Beim Nervenarzt,* wenn er bei der Brezenbestellung in einer Bäckerei auf absoluter Perfektion besteht und sich nicht scheut, die Brezen nachzumessen.

König Kunde und Anarchist

Es waren noch Zeiten, als man in einem Plattenladen in einer verglasten Kabine die Platten vor dem Kaufen anhören konnte, Käufer sich beflissen um die Kundschaft bemühten und Diskjockey spielten.

Wie aus König Kunde ein Anarchist wird, zeigt Valentin *Im Schallplattenladen* (1934). Angetan mit Ohrschützern und Fäustlingen betritt er den Laden und äußert den Wunsch, Grammophonnadeln schleifen zu lassen. Doch die Verkäuferin (Liesl Karlstadt) kann ihm nach einem langen Disput neue einreden, die er nicht kauft, weil ihm die Packung zu groß ist – die würden 100 Jahre bei ihm halten.

Es beginnt harmlos und heiter...

... und endet im Chaos: ›Im Schallplattenladen‹

Da er nun schon mal im Schallplattenladen ist, interessiert er sich jetzt für Platten.
Runde Schallplatten, schwarz mit Schall, sind sein nächster Wunsch. Den Radetzky-Marsch identifiziert er treffsicher als keine Oper mit Caruso. Caruso-Arien seien zwar »wunderherrlich«, doch tanzen könne man leider dazu nicht.
Dann läßt er die Verkäuferin nach der Platte »Sanitätslos« fahnden und singt ihr die Strophe vor. Sie ruft den Chef an, damit Valentin ihm die Melodie vorpfeift. Doch Valentin lacht erst mal über dessen Namen »Rembremerdeng«. Klar, daß er die Platte, als man sie endlich als »Seemannslos« identifiziert hat, nicht kaufen mag. Ausrotten mag er sie am liebsten.

Eigentlich würde jeder andere Kunde, nach all den Umständen, die er bereitet hat, nun den Rückzug antreten. Nicht Valentin. Er richtet sich jetzt erst richtig in der Situation ein – was bisher passierte, war nur ein Warmboxen. Jetzt besteht er auf einer viereckigen Platte und versichert, daß er so etwas schon gesehen hätte. Das Mißverständnis klärt sich schließlich auf – er hat ein Notenblatt mit einer Platte verwechselt. Die nächste Platte (»Sah ein Knab ein Röslein stehn«, gespielt mit einer singenden Säge) ist zum Kaufen zu traurig.
Statt den Kunden nun freundlich hinauszukomplimentieren, begibt sich die Verkäuferin endgültig in seine Falle, als sie ihm die neuen unzerbrechlichen Platten vorführt. Denn Valentin führt natürlich bei den falschen Platten den Bruchtest durch. Etliche Schellack-Platten gehen zu Bruch. Die Verkäuferin ist entnervt und fordert Valentin auf, zu machen, was er will. Damit hat sie endgültig das destruktive Kind in Valentin geweckt, der sich dazu nicht zweimal auffordern läßt und nun seiner Zerstörungswut freien Lauf läßt. Er zerschlägt die Platten abwechselnd auf seinem und ihrem Kopf.

Ein Hoch auf den Handwerkerstand

In *Der verhexte Scheinwerfer* beweisen Valentin und Karlstadt wieder einmal anschaulich, daß die verflixte Wirklichkeit schöner als jedes Theater ist.
Daß ein Revuemädchen im Tingeltangel ohne den linken, ausgefallenen Scheinwerfer nicht tanzen kann, interessiert die Zuschauer ebensowenig wie der Erzherzog-Johann-Jodler, der zur Überbrückung des Malheurs von einer Sängerin vorgetragen wird. Spannend wird es erst, wenn Karl Valentin als Elektrikermeister und Liesl Karlstadt als sein Lehrling auf der Bühne auftauchen. Statt still und leise

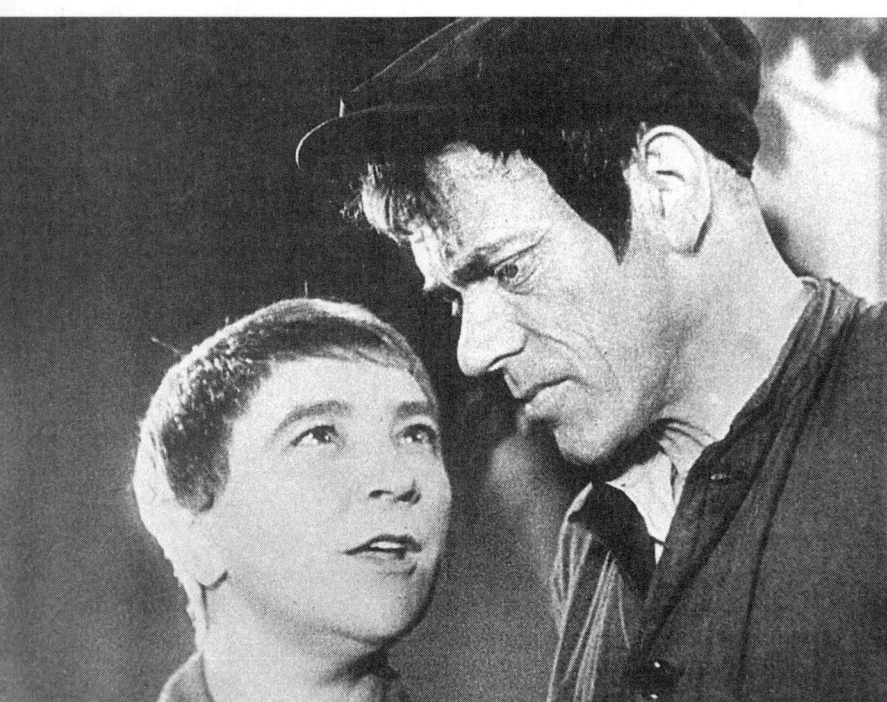

Lehrling und Meister: Karlstadt und Valentin in ›Der verhexte Scheinwerfer‹

ans Werk zu gehen, erklärt Valentin sogleich, daß er vor Publikum nicht arbeiten kann.
Zu Beginn vermutet Valentin, daß die dummen Laien vergessen haben, den Scheinwerfer einzuschalten. Der Lehrling kann gar nicht begreifen, daß er, obwohl eingeschaltet, nicht leuchtet. Als Valentin Arbeit auf sich zukommen sieht, macht er erst mal einen halben Rückzieher und erklärt: »Wir sind mehr auf Marine-Scheinwerfer eingearbeitet!« Dann fügt er eine schreckliche Drohung hinterher: Eine neue Steigleitung sei zu legen – eine Arbeit, die zwischen zwei und zehneinhalb Tagen dauern kann, schließlich müsse man den ganzen Hof dazu aufgraben.
Endlich beginnt Valentin mit der Reparatur, nicht ohne zuvor den Lehrling nach einer Brotzeit zu schicken.
Erst wird jetzt gemessen, was das Zeug hält. Dann wirft er dem Lehrling ein Kabel zu, das der am anderen Ende festhalten soll – doch der begreift das nicht und wirft das Kabel zurück. Der Lehrling, der nach mehreren vergeblichen Versuchen, die Leiter an die Luft anzulehnen, nun einen festen Platz für die Leiter gefunden hat, tritt jetzt Valentin auf die Hand. Valentin schreit sofort, ist aber unfähig, dem Lehrling zu sagen, daß er runtersteigen soll. Das Wort »Hand« fällt ihm partout nicht ein.
Dann setzt Valentin mit dem Kabel einer Zuschauerin zu. Zuerst zerstört er ihre Frisur, dann läßt er eine Schraube in ihr Rückendekolleté fallen. Mit Hilfe eines Streichholzes will er die Schraube im Dunkel des Kleides wieder herausfischen. Als er die Schraube endlich hat, ruft er in den Saal: »Die ist noch ganz warm.« Ungeniert läuft er auf den Tischen der Gäste herum.
Der Handwerker Valentin ist hier völlig überfordert. Mit Ritualen und dem Demonstrieren von Werkzeugen versucht er das zu kaschieren, um sich an anderer Stelle zu verraten. Auf seine Frage an den Lehrling, warum er so blöd schaut, antwortet dieser, er sehe nur zu, damit er was lerne. Valentin: »Da brauchst du nicht obacht geben, das kann ich selbst nicht.«

Dem Handwerker fällt das verhexte Wort einfach nicht ein ...

Daß es nicht nur renitente Handwerker, sondern auch Objekte gibt, die ihre Handwerkskunst überfordern, unterstreicht er zum Schluß, indem er erst auf den linken und dann auf den rechten Scheinwerfer deutet. »Den haben wir repariert – und der brennt.« Reparieren heißt noch lange nicht, daß ein Ding anschließend wieder funktionstüchtig ist. Wo kämen wir denn da hin?
Der verhexte Scheinwerfer ist zugleich ein Film gegen und für die Zuschauer.

Gegen die Zuschauer

So ein Theater (1934) ist als Musik-Verhinderungsfilm eine Variation der *Orchesterprobe*. Valentin und Karlstadt stehen sich auch hier als natürliche Gegner in den Rollen eines Musikers und eines Dirigenten gegenüber und bekämpfen sich mit absurden Dialogen. Valentin demonstriert, wie man mit einem geschickt hingeworfenen Satz jemanden in die Falle lockt und auf gut bayrisch derbleckt. Als ihn der Kapellmeister rügt, weil er ihn auf dem Postamt nicht gegrüßt hat, weiß er den Kapellmeister geschickt verbal in einen Handtaschendiebstahl zu verwickeln. Auf dessen Protest wird Valentin scheinbar wieder versöhnlich und weiß zum Thema Stehlen – die Ängstlichkeit und Übervorsichtigkeit der Person Valentin kommt in diesen Dialogen heraus – einiges beizutragen. Etwa, als er einmal an der Siebenerbahn – eine noch nicht fertige Achterbahn – anstand. Da sei ihm einmal fast eine goldene Uhr gestohlen worden. Mitgefühl zeigend sagt der Kapellmeister: »Da werden Sie aber erschrocken sein.« Valentin, dem sichtlich der Schreck im Gesicht abzulesen ist, entgegnet: »Ja furchtbar, ja furchtbar ... Gut, daß ich sie damals daheim lassen hab'.«

Nun soll eine Sängerin auftreten. Zu sehen ist aber nur ihr kräftiger Unterleib, da der halb hochgezogene Vorhang klemmt. Valentin weiß zwar einen Tapezierer, der das Problem rasch beheben könnte. Da er mit dem Bühnenmeister verkracht ist, will er die Adresse nicht sagen. Als der Vorhang endlich oben ist, singt die Sängerin ein Lied vom verlorenen Glück. Valentin begleitet sie auf einer Geige. Während er falsch spielt, reißt ihm eine Saite, die ihn schmerzhaft im Gesicht trifft – eine ohrfeigende Geige.

Die Leiter schwenkend kämpft sich der Tapezierer durch die Zuhörer. Ohne sich am Gesang der Sängerin zu stören, die unbeirrt weitersingt, beginnt er mit der Reparatur. Valentin folgt ihm neugierig und spielend auf die Bühne. Mit dem Geigenbogen erwischt er den falschen Zopf der Sängerin

Eine gefährliche Geige: ›So ein Theater‹

und reißt ihn herab. Endlich will der Kapellmeister dem unwürdigen Schauspiel ein Ende bereiten und tritt dem Souffleur auf die Finger.
Tucholsky schreibt über die Bühnenszene: »... Oben auf der Bühne will der Vorhang nicht auseinander. ›Geh mal sofort einer zum Tapezierer‹, sagt der Kapellmeister, ›aber sofort, und sag ihm, er soll gelegentlich, wenn er Zeit hat, vorbeikommen.‹ Geschieht. Der Tapezierer scheint sofort Zeit zu haben, denn er kommt gelegentlich in die Sängerin hineingeplatzt. Steigt mit der Leiter auf die Bühne – ›Zu jener Zeit, wie liebt ich dich, mein Leben‹, heult die Sängerin – und packt seine Instrumente aus, klopft, hämmert, macht ... Seht doch Valentin! Er ist nicht zu halten. Was gibt es da? Was mag da sein? Er hat die Neugier der kleinen

Leute. Immer geigend, denn das ist seine bezahlte Pflicht, richtet er sich hoch, steigt auf den Stuhl, reckt zwei Hälse, den seinen und den der Geige, klettert wieder herunter, schreitet durch das Orchester, nach oben auf die Bühne, steigt dort dem Tapezierer auf seiner Leiter nach, geigt und sieht, arbeitet und guckt, was es da Interessantes gibt ... Ich muß lange zurückdenken, um mich zu erinnern, wann in einem Theater so gelacht worden ist.

Er denkt links. Vor Jahren hat er einmal in München in einem Bierkeller gepredigt: ›Vorgestern bin ich mit meiner Großmutter in der Oper „Lohengrin" gewesen. Gestern nacht hat sie die ganze Oper noch mal geträumt; das wann i gwußt hätt, hätten wir gar nicht erst hingehen brauchen!‹«

Für Tucholsky war das Geheimnis von Valentins Ensemble seine kräftige Naivität. Er sieht in Valentin einen frischen Kontrast zum Berliner Theaterbetrieb und lobt seine Einmaligkeit, »weil er ein seltener, trauriger, unirdischer, maßlos lustiger Komiker ist, der links denkt.«

Daß ihm Valentin den Begriff »Linksdenker« souffliert hat, bestätigt Tucholsky mit einem Zitat aus dem Stück, als es darum geht, daß eine schwere Pauke verrückt werden soll. Der Kapellmeister gibt Anderl und Valentin die Anweisung, die Pauke zu transportieren. Im Stück läuft der Dialog folgendermaßen:

Valentin: Magst lieber da tragen? (Sie wechseln die Plätze)
Anderl: Lieber wär's mir aber schon dort gewesen, weil ich da besser tragen könnte, weil ich links bin.
Valentin: Du bist links? Machst du alles links – Essen – Trinken – Schlafen – Husten?
Anderl bejaht alles.
Kapellmeister: Was ist denn das für eine Privatunterhaltung?
Valentin: Der Anderl erzählt mir grad, daß er links ist, der macht alles links.
Kapellmeister: Ach der – der spinnt ja.
Valentin: Auch links?

In *So ein Theater* zeigt Valentin seine Skepsis gegenüber der bürgerlichen Kunst – kleine Zwischenfälle machen aus feier-

›So ein Theater‹: köstliche Katastrophen

lichen Auftritten köstliche Katastrophen. Da probiert einer genüßlich, was passiert, wenn man ein Uhrwerk statt rechtsherum linksherum aufzieht – mit destruktivem Erfolg: Nichts funktioniert, all die scheinbar normalen Abläufe verkehren sich ins Groteske.

Kleinbürger-Räusche und Kunst ohne Ende

Der böseste Film über Kleinbürgerschicksale ist nicht *Die Erbschaft* (1936), in dem einem Ehepaar nichts mehr bleibt als ein Kerzenstummel, den sie liebevoll ihren Lüster nennen, sondern *Der Firmling* (1934). In ihm zeigen Valentin und Karlstadt die hohe Kunst ihres Könnens.
Eine Firmung muß gefeiert werden – und so betrinkt sich der Vater des Firmlings in einem Restaurant, das weit über ihrem Stand seine Gäste sucht, bis er besoffen vom Stuhl fällt. Auf den ersten Blick eine Peinlichkeit, doch so etwas gibt es bei Valentin nicht. Für solche Gedanken ist höchstens die Karlstadt zuständig, die hier als Pepperl an dem schönen

Den Kampf mit Tisch und Stuhl ...

... verlieren beide: ›Der Firmling‹

Firmlingstag brutal mit den Kehrseiten des Daseins konfrontiert wird. Valentin besetzt hier das Fach Tragik, wenn er ungefragt ausbreitet, wie sich ein ordentlicher Kleinbürger durchs Leben schlägt. Die finanziellen Umstände, über die der Bürger schweigt, sind sein Thema. Wie er trotz der bescheidenen Mittel seinem Sohn eine ordentliche Firmung spendiert. Daß das feine Restaurant nicht sein Terrain ist, daran läßt der angetrunkene Vater keine Zweifel.

Am Anfang steht ein Kampf mit Tisch und Stuhl, den Valentin und Karlstadt verlieren. Klar, daß Valentin auf effektvolle Mißverständnisse setzt, wenn er einen Affenthaler bestellt und einen Emmentaler erwartet, um sich zu wundern, wie man den Käse aus der Flasche bekommt. Das Lachen des Firmlings quittiert Valentin mit

einer Ohrfeige. Großartig die Karlstadt, wenn sie später bei den Pannen des Vaters ihr Lachen sichtbar verdruckst. In dem feinen Lokal darf man natürlich auch keinen Strohhalm im Glas abknicken, da will man beim Kellner einfach behaupten, der sei schon zuvor kaputt gewesen. Sie machen sich zu Opfern von fremden Spielregeln, die sie nicht durchschauen oder gar erst aufstellen, um sie zu durchbrechen.
»Schön ist die Jugend« singen sie, während der Vater eine Flasche Likör trinkt und der Bub eine Zigarre raucht. Beides wird ihnen nicht bekommen. Valentin verwechselt ein Zahnstocherglas mit einem Schnapsglas, worauf ihm drei Zahnstocher in der Nase steckenbleiben. Dann eine aggressive Attacke gegen den Buben. Nun erzählt er die rührende Geschichte, daß er keinen passenden Anzug finden konnte (Pepperl berichtigt: bezahlen konnte) und der Anzug von einem Kriegskameraden stammt. Niemand interessiert die Geschichte, doch das stört Valentin nicht im geringsten. Besoffen liegt er dann auf dem Boden, während sich der Firmling in der Toilette übergibt.
Ein böser und trotziger Film gegen fremde Regeln und über die Tragik des Kleinbürgerlebens. Nichts an dem Film ist abstrakt, alles ist direkt und unmittelbar: Zug um Zug, bis zum bitteren Ende, wenn Pepperl alias Karlstadt mit dem »bsuffana Uhu« Valentin unter dem Tisch herumkriecht und mit ihm die heruntergefallene Portion Makkaroni in Mund und Taschen stopft, um anschließend dem fremden Dschungel zu entkommen. Das erschöpft Darsteller und Zuschauer gleichermaßen. Natürlich wäre das kein Valentin-Film, wenn er bei all der Tragik nicht noch seine Wortkunst ins Spiel bringen würde, die das Absurde einerseits verstärkt, andererseits aber diese Lokalschlacht für den Zuschauer erträglich macht.
Wenn Valentin jammert, daß keiner den Firmpaten für den Pepperl machen wollte, die Frau gestorben und der Firmungsanzug die milde Gabe eines Kriegskameraden sei, so hebt er immer wieder zwischen dem Absacken in den Suff zu großartigen Wortspielen an, etwa: »Daß der Anzug so gut

Alkohol und Anarchismus: Valentin und Liesl Karlstadt in ›Der Firmling‹

paßt, wo er den Buam gar net kennt« (gemeint ist der Kriegskamerad).
Von Münchner Bierruhe und Dumpfheit keine Spur. Der Alkohol wird hier zur Triebkraft des Anarchismus.
Vergleicht man *Der Firmling* etwa mit *Der Sonderling,* in dem es auch um kleinbürgerliche Wünsche und Enttäuschungen geht, die von den Umständen – und von den Wünschenden – vereitelt werden, so ist *Der Sonderling* ein harmloser Film, der zwar auch eine Tragik zeigt, doch ohne die rigorose Wucht und Ohnmacht, mit der Valentin in *Der Firmling* die Situation auf den Punkt bringt. Zusammen mit *Die Erbschaft* dürfte *Der Firmling* der rigoroseste Film Valentins sein.

Rigoros auf eine ganz andere Art ist Valentin als *Der Zithervirtuose* (1935) unter der Regie von Franz Seitz sen.: Hier demonstriert Valentin die Tragik des Künstlers, eingezwängt in die unsinnigen Vorgaben eines Notenblattes, die er exakt ausführt. Zu Beginn läßt er sich von dem Conférencier (Adolf Gondrell) vorstellen, den er aufklärt, daß man ihn nicht Walentin, sondern Falentin spricht. Nun sucht er in dem Zitherkasten sein Instrument, das bereits auf dem Tisch steht – verborgen unter dem Kasten.

Erst nachdem er Kasten und Zither abgemessen hat, beginnt er mit den Vorbereitungen zum Spiel. Er zieht Papierfetzen aus der Hosentasche, die Noten darstellen sollen, und beginnt nach ein paar falschen Takten tatsächlich zu spielen. Nichts will sein Spiel des Stückes »Liebesperlen« unterbrechen. Diesmal geht es nicht um die Verhinderung der Aufführung, sondern um die Verhinderung des Endes.

Eine »Zitherpartie« ohne Ende: ›Der Zithervirtuose‹

Strickt beachtet Valentin das Wiederholungszeichen kurz vor dem Schlußakkord und setzt immer wieder von neuem an, ohne zum Ende zu gelangen.

Der Bühnenvorhang öffnet sich und schließt sich – und Valentin sitzt schließlich mit einem langen Vollbart an seiner Zither und spielt immer noch.

Valentin bleibt Sieger

1935 werden Valentin und Karlstadt von Erich Engels für seinen Langfilm *Kirschen in Nachbars Garten* verpflichtet. Engels hierzu in seinen Erinnerungen »Philosophie am Mistbeet«: »Es sollte eine beschauliche Familiengeschichte werden zwischen zwei Nachbarn, mit allen kleinen Schwierigkeiten, die sich so aus einer Nachbarschaft ergeben können.

Ein pensionierter Hofrat, ein vornehmer, sehr zurückhaltender älterer Herr, mit dem zusammen nur ein Gärtner lebt, hat ein Häuschen mit einem bescheidenen Garten gemietet. Sein Stolz ist ein Mistbeet, in dem der Gärtner – ein Sonderling – kleine Pflanzen zieht. Wenn die Pflanzen sprießen, ist das Glück der beiden vollkommen.

Auf dem Nachbargrundstück wohnt eine alte Dame, die von einer Haushälterin betreut wird und auch eine Leidenschaft hat: Sie liebt Tiere über alles. Besonders Federvieh hält sie sich, und dies nicht, ohne auch an den materiellen Nutzen zu denken.

Das war das Fundament des Films, auf dem sich die Handlung entwickelte. Ich fand schnell einen Filmverleih. Der harmlose Stoff, der dem Alltag entnommen war, gefiel. Soweit ist alles zufriedenstellend. Auch die Besetzung der Hauptrollen der Nachbarn bot keine Schwierigkeit. Aber wer sollte den Gärtner des Hofrats spielen? In meiner Phantasie sah ich einen etwas skurrilen, witzigen Typ, der auch über eine gewisse Bosheit verfügen mußte.

Da kam eines Tages meine Frau mit der Idee, Karl Valentin für den Gärtner und Liesl Karlstadt für die Haushälterin zu engagieren. Wenn die Gute geahnt hätte, was sie mir damit antat!«

Bei der Kritik gilt *Kirschen in Nachbars Garten* als echter Valentin-Film. Daß die Presse auch heute noch Valentins Qualität als Darsteller und Schöpfer seiner Rollen lobt, zum Teil sogar euphorisch, gibt der These recht, daß hier einer eine unsterbliche Arbeit abgeliefert hat. Im »Münchner Merkur« vom 23. September 1977 stützt der Kritiker Jörg Ulrich aber auch die These, daß ein echter Valentin-Film eigentlich nur von Valentin und Liesl Karlstadt bestritten werden darf, wenn er als solcher anerkannt werden will. Aus seiner Kritik zu *Kirschen in Nachbars Garten:* »Wahr ist, daß der Charme von gestern nicht durchhält. Nach 30 Minuten hat man genug davon. Aber dann ist uns inzwischen klargeworden, daß wir den Film als Einheit schon gar nicht mehr sehen, daß wir nur noch auf Einlagen warten, die uns der Valentin (in seiner Gärtnerrolle) zeigt – mal mit, mal ohne Karlstadt, die einmal mehr ein Dienstmädchen zu spielen hat. Das Beste an diesem Film ist, daß beide Rollen durchgeführt sind, also keine Einlagen im engeren Sinn darstellen. Sie sind ganz in die Handlung eingeflochten. So kann man dann die Vertracktheit des Valentinschen Humors voll auskosten, und zwar in beiden Versionen: in seinem Sprachwitz wie in seiner Mimik.

Gerade in diesem Film auf der großen Leinwand geht einem auf, daß man bisher vielleicht zu wenig auf Valentins Mimik geachtet hat, weil man sich einseitig auf seinen Sprachwitz verließ. Was er sich hier zum Beispiel im bloßen Zuhören, überhaupt im stummen Spiel, leistet, das sind zwar nur subtile Verrückungen der Epidermis, die aber im wahren Sinn des Wortes ganze Kapitel von Reaktionen ersetzen.« Seine Kritik überschreibt Ulrich mit dem Satz »Die Sandrock zankt mit Valentin«: »Was da an Gift und Galle zwischen beiden sprüht – die Sandrock steht ihm, Valentin, in diesem Fall an grotesk sprechendem Mimus nicht nach –, ist ein Hauptspaß für die Zuschauer. Was hier geboten wird, macht auch dann noch Freude – vielleicht sogar ganz besonders –, wenn man erfährt, daß die beiden sich tatsächlich nicht ausstehen konnten und Engels alle Mühe hatte, daß ihr Spiel nicht in Ernst ausartete.«

Der Münchner Kritiker Hans Günther Pflaum schreibt anläßlich der Wiederaufführung im Jahr 1977 in der »Süddeutschen Zeitung«: »Karl Valentin bleibt Sieger, er hat

Zahnstocher am falschen Platz: Valentins vertrackter Humor (›Der (Firmling‹)

sich keine Prozente abhandeln lassen und nichts von seiner widerborstigen Individualität preisgegeben; unbeirrbar, störrisch, fast verbeißt er sich in seine eigene Komik – ausschließlich zum Vorteil dieses Films, der sonst nicht mehr als eine gänzlich unbedeutende Klamotte wäre.«

Inhalt des Films ist der Zwist zwischen dem Hofrat Warrenheim und dem alten Fräulein Hecht (Adele Sandrock), deren Neffe mit der Tochter des Hofrats eine Romanze beginnt. Dies ist ihr natürlich nicht recht.

Die Liebe zu den Pflanzen und zu den Tieren läßt sich in dem Film nicht unter einen Hut bringen. Die Hühner fressen die kleinen Pflanzen, und eine siamesische Ente legt ihr Ei knapp über der Grenze, auf dem Grund des Hofrats. Aus

dem sehnlich erwarteten Entennachwuchs wird natürlich nichts, weil Valentin das Ei in die Pfanne schlägt und genüßlich verzehrt.
In Adele Sandrock hat Valentin seine Meisterin gefunden. Beide scheinen sich kaum um die Regie zu kümmern und liefern sich wahre Gefechte. Während die Sandrock ihrer Abneigung gegen Valentin freien Lauf läßt, scheint sich Valentin an seinen Provokationen zu ergötzen, die er gegen sie aussheckt. Das Drehbuch läßt er dabei wohl oft links liegen – zumindest etliche seiner irrwitzigen Dialogsätze dürften nicht darin gestanden haben. Sie sind Überraschungsangriffe gegen den mächtigen Gegner Sandrock.Ob Valentin nun tatsächlich ein Künstler ist, der nur in kurzen Filmen wirkt, sei dahingestellt – auch wenn die Filme das bestätigen. Die Kritiker bestätigen allerdings noch etwas anderes: Valentin ist immer dann gut, wenn er starke Partner hat. Ob es nun stimmt, daß Valentin und die Sandrock nicht nur vor der Kamera aneinandergerieten, ist nebensächlich – sie war in *Kirschen in Nachbars Garten* seine wichtigste Partnerin.
Auch der Filmkritiker Hans Günther Pflaum geht in dem Band »Karl Valentin – Volkssänger? DADAist?« auf die Arbeit mit Engels und Sandrock in *Kirschen in Nachbars Garten* ein: »Valentin freilich genießt mit provozierender Freude dieses Duell, das gleichzeitig wie eine verschärfte Erweiterung seiner Konfrontation mit Adele Sandrock von *Es knallt* wirkt. Offensichtlich schert er sich nicht im geringsten um den Regisseur Engels, kneift unbekümmert die Augen zu, wenn ihn das Filmlicht blendet, improvisiert, fällt aus dem Rahmen und wirkt wie ein Wesen aus einer nach anderen Gesetzen wirkenden Welt ... Überhaupt hat Valentin die verstörende Logik seiner Sprache voll in den Film eingebracht; auch dies ist ein Indiz, wie er über das Drehbuch triumphierte ... Schließlich bleibt sich dieser sogar in den Requisiten treu, wenn er partout darauf beharrt, seine Trompete zum Skatspiel mitzubringen. Kein Wunder also, daß in diesem Film alles andere hinter dem Übergewicht des dürren Komikers verschwindet.«

In seinem Erinnerungsbuch »Philosophie am Mistbeet« hielt Erich Engels fest, wie schwierig es war, Valentin von einem Stoff zu überzeugen und ihn auch später tatsächlich an den Drehort zu bekommen. Endlich hatte Engels (nicht mit Erich Engel, dem Regisseur von *Mysterien eines Frisiersalons,* zu verwechseln) die Gagenverhandlungen abgeschlossen, in Berlin ein Atelier gemietet und sämtliche Vorbereitungen getroffen. Doch weder Valentin noch Liesl Karlstadt ließen etwas von sich hören: »Die Herren vom Verleih höhnten, sie hätten mich ja frühzeitig gewarnt. Jetzt stand ein Vermögen auf dem Spiel, wenn Valentin nicht kam. Wir waren verzweifelt.«

Vergeblich versucht er in München, an ihn heranzukommen. Valentin läßt sich verleugnen und streut falsche Spuren. Der arme Engels sucht ihn vergeblich und hofft nun, Liesl Karlstadt zu finden. Die liegt in der Nervenklinik. Dort erfährt er beim Chefarzt, daß sie in absehbarer Zeit nicht filmen könne. »Während wir noch mit dem Professor berieten, was wir tun könnten, ging die Tür auf, und Valentin kam herein.

Er wurde grau, als er mich sah, und wäre bestimmt davongelaufen, wenn der Chefarzt nicht gewesen wäre.« Auf die Vorwürfe von Engels erklärte Valentin, daß er ohne die Liesl nicht filmen werde. Ein Indiz dafür, wie notwendig diese Partnerschaft für Valentin war, um auf der Bühne oder vor der Kamera frei agieren zu können.

Gemeinsam einigte man sich nun, in München zu drehen. In einer leerstehenden Bierlagerhalle fanden dann die Dreharbeiten statt.

Für Valentins Herzenswunsch, seine Komödie *Raubritter vor München* zu verfilmen, konnte sich Engels wie auch andere Regisseure und Produzenten nicht erwärmen. So wurde dieses Stück leider nie verfilmt.

Statt dessen läßt sich Engels 1936 auf den Film *Beim Nervenarzt* oder *Kalte Füße* ein – der Versuch, zwei Kurzfilme in einer Rahmenhandlung zu verbinden, die in der

›Beim Nervenarzt‹ (1936)

Praxis eines Nervenarztes (Liesl Karlstadt) spielt. Gegenüber den verfilmten Valentin-Stücken aus dieser Zeit fallen sie leider deutlich ab, weil der Stoff allein auf der Ebene von Schrullen und Skurrilitäten liegt. Das Bemerkenswerteste an dem Film ist, daß die Nervenarzt-Patientin Liesl Karlstadt hier den Professor spielt und Valentin, der Auslöser ihres Leidens, den Patienten.

Valentin sucht den Nervenarzt aufgrund von zwei Verletzungen auf, deren Hergang in zwei Rückblenden geschildert wird. In der ersten quält er einen Bäcker (Liesl Karlstadt) mit einem besonderen Anliegen: Er bestellt eine Brezen nach Maß, die der Bäcker aber nie nach seiner Zufriedenheit bäckt. Ein über den anderen Tag betritt Valentin die Bäckerei und nimmt die bestellte Brezen nicht an, bis diese endlich richtig ausgefallen ist. Der Bäcker möchte ihm die Brezen besonders vorsichtig einpacken, doch Valentin verschlingt sie sogleich.

In der zweiten Episode sitzt Valentin mittellos und hungrig in einem Lokal und überlegt sich, wie er mit seinen wenigen Pfennigen satt werden soll. Da erlebt er, wie der Kellner einen Zechpreller mit einem kräftigen Tritt aus dem Lokal befördert. In Valentins Kopf blitzt es, als sei ihm ein Licht aufgegangen. Entspannt bestellt er sich das Feinste und Teuerste auf der Karte, läßt sich vom Ober umsorgen und schließt das Mahl mit »echtem« Cognac und einer Havanna ab. Statt zu zahlen geht er seelenruhig zur Tür, hält sein Hinterteil hin und ruft: »Ober, zahlen!«

Thematisch fallen die beiden Sketche auseinander. Die filmische Klammer, die Szene im Ordinationsraum des Nervenarztes, will das Ganze nicht richtig zusammenhalten

Der Spaß mit dem Elend

In *Die karierte Weste* (1936) spielen Karl Valentin und Liesl Karlstadt das Pfandleiherpaar Pechkopf. Den Namen haben Erich Engels und sein Autor Reinhold Bernt nicht von ungefähr gewählt. Die Pechkopfs sind ein verarmtes Pfandleiher-Ehepaar – in einer sozialen Umgebung, die mit der in *Die Erbschaft* (1936) zu vergleichen ist, wobei es Engels aber nicht gelingt, die Tiefe und Tragik der *Erbschaft* zu erreichen. Ähnlich wie in *Beim Nervenarzt* geht es Engels eher darum, aus der Tumbheit der Pechkopfs Witze zu ziehen.
Aus Versehen hat Valentin ein Kalenderblatt zuviel abgerissen, und nun steht auf dem Kalender, daß die Miete fällig ist. Liesl Karlstadt macht sich große Sorgen, wie das Geld aufzutreiben ist, doch Valentin tüftelt daran, wie er den Kalender auch von seinem Schreibpult aus lesen kann. Mittels eines Spiegels will er das Problem lösen. Daß dabei ein teurer Spiegel auf der Rückseite der Wand zu Bruch geht, stört ihn nicht weiter.
Liesl Karlstadt erklärt ihm nun, was einen richtigen Geschäftsmann ausmacht – man muß in der Lage sein, dem Kunden das Gegenteil des Gewünschten zu verkaufen.
An einem Kunden, der einen Frack möchte, will Valentin beweisen, daß er ihm eine Klarinette verkaufen kann. Fluchend verläßt der Kunde den Laden. Nun will die Karlstadt ihm zeigen, wie man so etwas mit Können und Diplomatie zustande bringt. Statt der gewünschten Pulswärmer verkauft sie dem nächsten Kunden eine karierte Weste – in der Valentin ihr gesamtes Geld deponiert hat. Eingesperrt in der Küche, versucht er, ihr Zeichen zu geben, doch statt auf ihn zu achten, zieht sie den Vorhang zu.
Als sie erfährt, daß in der Weste ihr ganzes Geld war, fällt sie in Ohnmacht. Ein Grund für Valentin, einen Teil des vom Lehrjungen besorgten Essens wieder zurückbringen zu lassen.

»Werd halt die Frau vom Rechtsanwalt sei«

Beim Rechtsanwalt (1936) – Erich Engels führte hier ebenfalls Regie – ist ein Film, der auf unsere Zeit mehr als auf die 30er Jahre zutrifft. Das Telefon hat in diesem Film als Kommunikationshilfe absolute Vorfahrt und erweist sich zugleich als Kommunikationsverhinderer. Ein Film für all jene, die es lieben, wenn eine Besprechung oder ein Besuch ständig durch Anrufer unterbrochen werden.

Der Bauer Huber (Karl Valentin) kommt mit seinem 14jährigen Sohn Hansl (Liesl Karlstadt) zu dem Rechtsanwalt Dr. Eßberger in die Großstadt. Devot betreten sie einen Kanzleiraum und sprechen den Menschen hinter dem Aktenberg als Herr Rechtsanwalt an. Der stellt richtig, daß er nur der Bürovorsteher sei, und führt sie in das luxuriös wirkende Sprechzimmer. Dort sollen sie auf den Anwalt

Der »Vale« und sein »Bub«: ›Beim Rechtsanwalt‹

warten. Hinter dem monumentalen Schreibtisch hängt ein Akt von Rubens, vor dem die beiden mit aufgerissenen Mündern stehenbleiben. Auf die Frage von Hansl, wer das wohl sei, antwortet Valentin: »Werd halt die Frau vom Rechtsanwalt sei.« Endlich kommt der Anwalt. Bevor Valentin sein Anliegen schildert, schneuzt er sich erst zeitraubend und verwickelt sich in einen Disput über seinen Schnupfen. Als er dann ansetzt, um den Sachverhalt zu schildern, bringt ihn der Bub draus, und sie geraten vom Hundertsten ins Tausendste, bis dem Anwalt der Kragen platzt. Karl Valentin versucht nun, die Sachlage klarer zu schildern.

Doch in diesem Moment klingelt das Telefon. Ein längeres Telefonat mit einer Frau Geheimrat folgt. Hansi sinniert wie-

der über das Rubens-Gemälde und warum die Frau Rechtsanwalt auf dem Bild kein Hemd trägt.
Der Anwalt hat nun wieder Zeit für sie und fragt, was sie denn hierhergeführt habe. Valentin versucht sich wahrheitsgetreu an die Nummer der Straßenbahn zu erinnern und kommt zum Fall zurück, als das Telefon erneut klingelt. Noch mal ist die Frau Geheimrat dran. Valentin kommentiert: »Fade Nockn!«
Kaum ist das Gespräch beendet, folgt die nächste Telefonsitzung, und danach klingelt es schon wieder, worauf nun Valentin der Kragen platzt. Er geht, dreht sich an der Tür um und läßt den Anwalt mit den Worten allein: »Wissen S' wos – i telefoniers Eahna!«

Die Macht der Dinge

In *Musik zu zweien* (1936) spielen Valentin und Liesl Karlstadt Musikclowns, die sich für ein Engagement bewerben möchten. Valentin betritt die Bühne mit einem Fagott in der Hand und bekommt vom Direktor einen Wink zu verschwinden. Statt dessen tut er es den probenden Revue-Girls gleich und beginnt zu tanzen. Liesl Karlstadt betritt mit einer Klarinette die Szene.
In der nächsten Einstellung stehen sie geschminkt als Musical-Clowns auf der Bühne.
Als die beiden falsch zu spielen beginnen, gibt ihnen der Direktor Notenblätter, worauf Valentin protestiert: »Nach

›Musik zu zweien‹ (1936)

Wenn es um die Wurst geht, muß die Meßlatte her ...

Noten können wir doch nicht auswendig blasen.« Schließlich hängen sie sich die Notenblätter auf den Rücken. Das Problem ist nun, daß immer nur einer lesen kann. Endlich bekommen sie Notenständer, doch die verändern wie von Geisterhand ihre Höhe oder drehen sich. Als es ihnen endlich gelingt, das Lied zu spielen, ist dieses so kurz, daß es im krassen Mißverhältnis zur langen Vorbereitung steht und die hohen Erwartungen enttäuschen muß.

Natürlich ging es Valentin keinen Moment darum, ein Musikstück vorzutragen – die Tücke des Objekts wollte er auskosten, den Zwang der Dinge, von denen die Musiker beherrscht werden, die wiederum ihr Publikum beherrschen – und dies alles ohne Rücksicht auf Verluste. Daß die Dinge ein Eigenleben haben, wird durch die störrischen

Notenständer demonstriert, die sich zum Schluß auch noch verbeugen und mit den beiden Clowns abgehen.

Nach der Aufführung sitzen die beiden Musikal-Clowns in einer Wirtschaft und teilen sich zwei Würstchen. Valentin mißt natürlich die Länge der Würste genau aus, damit er nicht das kurze bekommt. Während des kargen Mahls klagen sie, daß statt ihrer zwei Affen engagiert wurden.

Sie beobachten, wie ein anderer Gast eine Fliege in seinem Essen findet und nach erfolgreicher Reklamation sofort ein neues Menü bekommt. Valentin denkt kurz nach und fragt den Gast: »Verzeihen Sie, ist die Fliege frei?«

Möglicherweise wurde Valentin zu diesem Sketch durch seine zahlreichen Erfahrungen aus seiner Tingeltangelzeit angeregt, als er um jedes Engagement zu kämpfen hatte. Vielleicht hat er deshalb auch die letzte Szene hinzugefügt, wo deutlich wird, was der Begriff »brotlose Kunst« bedeutet.

Noch katastrophaler als in *Musik zu zweien* schlägt die Macht der Dinge in *Ein verhängnisvolles Geigensolo* (1936) zu. Valentin wird als großer Violinvirtuose präsentiert und verspricht, nun »Am Meer« von Schuckert zu spielen. Daß er den Namen des Komponisten nicht richtig weiß, ist nebensächlich – viel schlimmer, er hat gar keine Geige, mit der er sich an den Klaviereinsatz dranhängen könnte, und fiedelt in der Luft herum. Das Publikum beruhigt er, indem er nach dem Schlüssel des Geigenkastens schickt. Als er endlich zum Spiel anhebt, betritt Liesl Karlstadt als Gerichtsvollzieher die Szene und versucht, die Geige für ausstehende Alimente-Zahlungen zu pfänden. Valentin läßt sich mit ihr auf einige typische Dialoge ein, die weder mit der Pfändung noch mit dem angekündigten Geigenspiel zu tun haben. Das wartende Publikum scheint er, wie so oft in seinen Filmen, einfach vergessen zu haben – oder er ignoriert es schlicht.

Zum Hörgenuß kommt es nie, denn im Laufe der Auseinandersetzung geht die Geige zu Bruch, ohne daß er auch nur eine Note gespielt hätte. »Jetzt wärs grad so schee' ganga«, ist sein Fazit. Wie bei vielen seiner anderen Filme –

nicht das Ziel, sondern der beschwerliche Weg zum Versagen ist sein allzumenschliches Thema.
Ebenfalls 1936 entsteht der Langfilm *Straßenmusik,* den Hans Deppe nach einer erfolgreichen Theaterkomödie von Paul Schurek inszeniert. Drei arme Straßenmusikanten schlagen sich mit ihrer Hausgenossin Grete durchs Leben. Gespielt werden die Musiker von Fritz Genschow, Ernst Legal und Hans Deppe. Valentin und Liesl Karlstadt übernehmen kleine Chargenrollen. Valentin spielt den Kürassier Otto, der eine Art Orchestrion bedient und von Liesl Karlstadt als Sängerin durch die Straßen Berlins begleitet wird. Thema des Films ist das Glück des beruflichen und gesellschaftlichen Aufstiegs.
Von einem Valentin-Film kann man bei *Straßenmusik* in keinem Fall sprechen, eher von einem Spielfilm mit Valentin-

Der Titel täuscht, denn zum Spielen kommt er nicht: ›Ein verhängnisvolles Geigensolo‹

Karl Valentin (und Liesl Karlstadt) als Beigabe: ›Straßenmusik‹

Beigabe. Der »Filmkurier« schrieb am 24.7.1936 ohne große Begeisterung: »... Valentin findet Gelegenheit zu einer zwar nicht sehr ergiebigen, aber doch wirksamen Valentinade als Kürassier Otto mit dem Schellenhelm und der auf den Buckel geschnürten Pauke, er gibt dem Film damit einen guten Schuß von Zügigkeit ...«

Unsterblicher Valentin

Zum Filmtypus des unsterblichen Valentin, der immer wieder regelmäßig in die bundesdeutschen Kinos kam, gehört auch der 1936 entstandene Langfilm *Donner, Blitz und Sonnenschein,* bei dem Erich Engels Regie führte. Der Erfolg des Films bei den heutigen Zuschauern mag damit zusammenhängen, daß Valentin sich hier, wie schon in den anderen Langfilmen, weder anpaßt noch die Regie-Anweisungen allzu ernst nimmt und damit originäre Auftritte bietet. Die Grundlage des Films bildet der Schwank »Der Hunderter im Westentaschl« von Max Neal und Max Ferner. Ein »Heimatfilm«-Thema, das mit Valentin allerdings nicht auf Herz-Schmerz zu trimmen ist. Valentin geht

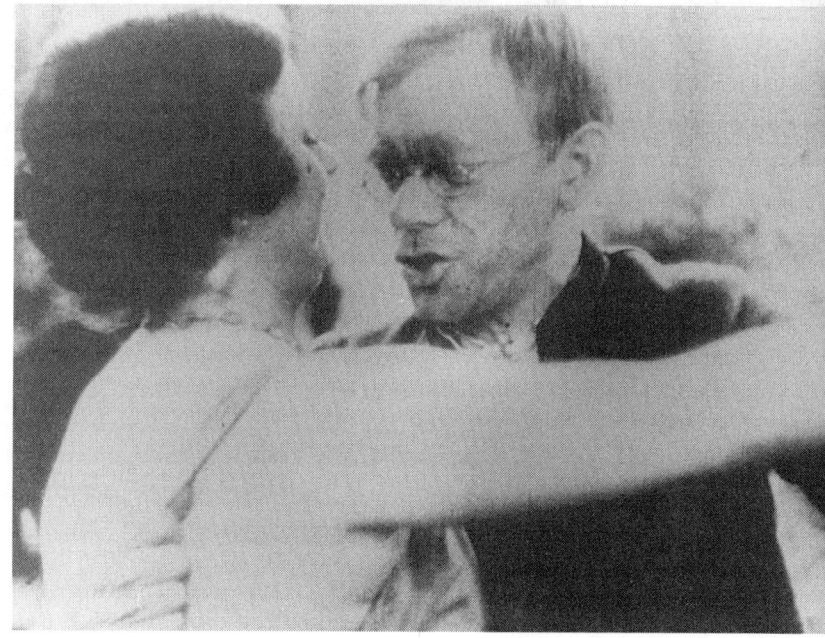

Schneidermeister Sebastian Huckebein beim Tanz: ›Donner, Blitz und Sonnenschein‹

Ungewohnter Anblick: Valentin in Lederhosen (›Donner, Blitz und Sonnenschein‹)

es als Schneidermeister Huckebein nahezu so schlecht wie dem Ehepaar in der *Erbschaft*. Doch statt in die tieferen Stufen des Elends zu geraten, gibt das Drehbuch Valentin die Chance zum Glück.

Die Geschichte des Films erinnert in Ansätzen an *Der Sonderling*. Valentin ist vom Schneidergesellen zum Schneidermeister Sebastian Huckebein aufgestiegen, doch viel besser als dem Gesellen im Stummfilm *Der Sonderling* geht und ergeht es ihm hier nicht. Auch hier soll ihn ein 100-Mark-Schein zumindest für kurze Zeit ins Gefängnis bringen: Huckebein hat bei dem reichen Bürgermeister Schulden. Um seine Schulden einzutreiben, droht der mit der Versteigerung des Schneiderhauses.

Seine Renitenz hat Valentin deswegen noch lange nicht ver-

loren. Als im Gemeinderat über die Erschließung von Heilquellen zur Ankurbelung des Fremdenverkehrs diskutiert wird, protestiert Valentin – als man ihn nicht protestieren lassen will, protestiert er natürlich auch dagegen.
Um die Versteigerung des Hauses abzuwenden, unternimmt er jedoch nichts, außer daß er sich betrinkt. Ausgerechnet von einem durchfahrenden Tanzlehrer erfährt er Hilfe. Der schenkt ihm am Abend vor dem Versteigerungstermin einen 100-Mark-Schein, den er in seiner Rocktasche gefunden hat. Damit kann Valentin die Schulden zahlen. Er ahnt nicht, daß der Bürgermeister den Hunderter, der auch noch falsch ist, verloren hatte und damit neue Verwicklungen auf ihn zukommen.
Als nun das Gerücht auftaucht, auf dem Grundstück des Schneiders liege eine Heilquelle, kauft der Bürgermeister den Grund für 10.000 Mark, verkauft ihn aber wieder zurück, als sich das Grundstück angeblich als wertlos erweist.Letztendlich bleibt das Glück bei der armen Schneiderfamilie, denn das Gerücht erweist sich tatsächlich als richtig.Die Schneidersfrau (Liesl Karlstadt) jubelt, daß sie über den Berg seien, doch der Realist und Skeptiker Valentin ergänzt trocken: »Jetzt geht's bergab.«
Schlagfertigkeit beweist auch der Filmdialog: »Arbeit macht Spaß.« – »Ich vertrag aber keinen Spaß.«
1937 schreibt die internationale Filmbusineß-Zeitung »Variety« über *Donner, Blitz und Sonnenschein:* »Ein Film voller Tempo, Feuerwerk – ein exzellenter Valentin. Er setzt jede Situation in großartige, komische Momente um.«Die deutsche Presse freute sich über den »saukomischen Bauernschwank«, in dem mitten in Bayern nach Herzenslust gesächselt und berlinert wird. Das liegt daran, daß Regisseur Erich Engels eine Garde von Darstellern aus Berlins großer Theaterzeit engagiert hatte, darunter Hans Leibelt, Volker von Collande und Käthe Haack.

Das Elend mit dem Film

Auf *Die Erbschaft* (1936) paßt vielleicht am besten Brechts Spruch: »Wer lernen will, wie man ein Drama macht, muß zu Karl Valentin gehen.« Tatsächlich ist *Die Erbschaft* nicht einfach ein Drama, sondern ein bitterböser Film, der keinerlei Auswege aufzeigt. Daß ihn die Zensur im Dritten Reich wegen »Elendstendenzen« verboten hat, ist nicht weiter verwunderlich, denn das Elend, das es offiziell nicht geben durfte, ist hier völlig ungeschminkt zum Thema erhoben. Die Zeiten sind so schlecht, daß der Altwarenhändler Meier (Karl Valentin) nicht mal in den Mülltonnen etwas Verwertbares findet. Seine Frau (Liesl Karlstadt) trägt ihm

Von den Nazis verboten: ›Die Erbschaft‹ (1936)

auf, ausländische Zeitungen zu sammeln, weil die größer und dicker seien als die deutschen – und sich viel besser als Bettwäsche eigneten.

Wenn es beim Ehepaar Meier an der Tür klopft, erscheint entweder der Gerichtsvollzieher oder der Hauswirt, der die Miete kassieren möchte. Doch zu pfänden gibt es nichts mehr. Das letzte Nachtkastl ist auf dem Hof zersplittert, als es Valentin aus dem Fenster gehängt hat, um es vor der Pfändung zu retten.

Als nun ein Notar erscheint und ihnen eröffnet, sie hätten ein neues Schlafzimmer geerbt, lassen sie das alte Schlafzimmer vom Hausmeister zu Brennholz verarbeiten.

Mit den geerbten Möbeln stellt sich jedoch keine rechte Freude ein – die Verwandten waren Liliputaner. Valentins Kommentar zur Größe der Möbel: »Nett schon, aber unpraktisch.« Und dann stellt es sich auch noch heraus, daß es gar nicht ihre Verwandten waren, sondern die von einer anderen Familie Maier im gleichen Haus, die sich mit »a-i« schreibt. Als Trost sagt Valentin zur Karlstadt: »Jetzt ham ma gar nix mehr wie unsern Lüster.« An einem Bindfaden seilt er dabei einen Kerzenstummel von der Decke herab.

Böse Lehren des Lebens, die immer die Kleinen am härtesten treffen. Natürlich strotzt auch *Die Erbschaft* von valentinesken Sprüchen, doch bei diesem Film bleibt das Lachen meist im Hals stecken.

Für die hohe dramaturgische und filmische Qualität ist der Regisseur Jacob Geis verantwortlich, ein Enkel des Volkssängers Jakob (Papa) Geis. Zahlreiche Kenner von Valentins Filmen sehen in Geis den idealen Valentin-Regisseur, der Stoffe und Darsteller bestens in Einklang bringt. In den 20er Jahren arbeitete Geis eng mit Brecht zusammen und brachte einige von dessen Stücken zur Aufführung. Hans Albers holte Geis 1935 als Dialogregisseur für seinen Film *Varieté*. Nach dem Krieg, im Jahr 1947, war Geis Mitgründer der Münchner NDF, Neue Deutsche Filmgesellschaft, die heute zahlreiche populäre Fernsehserien produziert.

Hier paßt was nicht: ›Die Erbschaft‹

In seinen »Jugendstreichen« beklagt sich Valentin über die Zensur: »Leider sind meine letzten Tonfilme *Musik zu zweien, Bittsteller, Die Erbschaft* und *Der Antennendraht* noch nicht einmal uraufgeführt worden. Die Filmgewaltigen des Dritten Reiches haben aus ihnen eine Elendstendenz herausgeschmeckt, die ihnen nicht behagte. Nachdem so viele unserer Häuser in Schutt und Asche gesunken sind, dürfte freilich kein Grund mehr vorhanden sein, meine letzten Filme dem deutschen Publikum vorzuenthalten. Aber wer weiß, wohin die Zelluloidstreifen inzwischen geraten sind ...«

Der Bittsteller (1936) ist nur noch als Fragment vorhanden, alle anderen Filme sind längst wieder greifbar. Bis zur bittern Neige im Jahr 1945 hatte der deutsche Film von Staats wegen entweder Durchhalteparolen oder – noch besser – unverfänglichen, fröhlichen Humor zu verbreiten. Obwohl die Zensur mit Ende des Dritten Reiches keine Gewalt mehr über *Die Erbschaft* hatte, sollte es rund 40 Jahre dauern, bis der Film 1976 wieder öffentlich aufgeführt wurde. Dies mag am Thema des Films liegen. Denn Valentin zeigt hier, daß selbst das ganz normale Elend seine Steigerungen hat. Und wer wollte schon in einer Zeit, da tragische Schicksale an der Tagesordnung waren, die Menschen vor dem Elend flohen und nichts dringlicher als ein Wirtschaftswunder herbeisehnten, die Steigerung des Elends sehen, auch wenn sie mit grandiosem Humor geboten wurde? Die Zensur in der Nazi-Zeit fand für Valentin so eine direkte Fortsetzung in der Nachkriegszeit. Valentin, in schlechten finanziellen Verhältnissen lebend, fand schließlich ein bescheidenes Auskommen beim Rundfunk. Aber auch diese wöchentliche Sendung wurde bald abgesetzt – nicht weil sie der Intendanz zu radikal war, sondern weil Hörer die Absetzung der Sendung und unbeschwerten Humor für harte Zeiten verlangten.

Die Zensur in der Nazi-Zeit ging mit Valentin trotz der Verbote noch relativ glimpflich um. Außer dem Totalverbot von *Die Erbschaft* traf die Filme *Straßenmusik, Der Geizhals* und *Der Firmling* ein Jugendverbot, das die Auswertung der Filme im Kino einschränkte. Einem Berufsverbot gleich kam jedoch das Verbot von *Die Erbschaft*.

Betrachtet man Valentins Schaffenskurve in den frühen 30er Jahren, in denen jährlich gleich mehrere Filme entstehen, so dokumentiert das Jahr 1936 einen deutlichen Bruch. 1937 entsteht *Ewig Dein,* ein Film von Erich Engels, der nur noch als Fragment erhalten ist, und *Der Antennendraht/Im Senderaum*. Danach spielen Valentin und Liesl Karlstadt noch in zwei Werbefilmen der Deutschen Sparkassen mit, betitelt *Selbst Valentin macht mit* und *Nur nicht drängeln* (beide 1937/38), die kaum erwähnenswert scheinen. Valentin-Film-Kenner Ulrich Kurowski zu den beiden Filmen: »In den Sparfilmen brechen Valentin und Karlstadt mit so unlustiger Eile zur Bank auf, als erhielten sie dort mit der Quittung zugleich auch die Zusicherung der alsbaldigen Abwertung.«

Im Zuge des Verbots der *Erbschaft* hielten sich die Produzenten mit neuen Produktionen zurück und legten erst 1938 *Der Bittsteller, Ewig Dein* und *Der Antennendraht* der Zensur vor, die nicht beanstandet wurden.

Doch mit der Filmkarriere von Karl Valentin war es damit vorbei. Weder wirtschaftlich noch politisch wollte ein Produzent das Risiko auf sich nehmen, einen Valentin-Film zu produzieren, der anschließend nicht im Kino ausgewertet werden durfte. Hinzu kam natürlich auch noch, daß Valentin als schwieriger Zeitgenosse verschrien war.

Aus der Zeit nach 1937 ist noch sein kurzes Gastspiel in dem

Und das ist das Ende: Valentin und Karlstadt bleibt nur ein Kerzenstummel (›Die Erbschaft‹)

Film *München* (1938) bekannt, in dem Valentin nur einen kleinen Auftritt aus dem Programm *Nacht der Amazonen* hat. Auch dieser Film der reichsunmittelbaren Bavaria Filmkunst wurde noch während der Premierennacht verboten. Ohne Gründe. Allerdings war Valentin hier nicht der Auslöser des Verbots.

»Am 24. Mai 1939 war Premiere des Films im Phöbus-Palast ... Niemand, auch der Festredner, Oberbürgermeister Fiehler, nicht, konnte ahnen, daß Hans Schweikart, der künstlerische Leiter der Bavaria-Filmkunst, ein Telegramm aus Berlin in der Tasche hatte, das die Aufführung des Films verbot! ... Die Premiere in München war zugleich sein Ende gewesen.« So Kurt Preis 1978 im »Münchner Merkur«. Das Verbot sei ausgesprochen worden, so vermutet Preis, weil Hitlers Rolle als architektonischer Erneuerer Münchens in diesem Film unterschlagen worden sei.

Senden ist nicht gleich Senden

In *Der Antennendraht* (1937) ist Valentin als Verhinderer und Zerstörer wieder in seinem Element. Thematisch gehört der Film zu den Musik- und Theaterfilmen, in denen er dafür sorgt, daß die Aufführung erst gar nicht beginnen kann. Valentin variiert hier nur das Thema und hat sich mit dem Rundfunk eine moderne Bühne gewählt.
Während Liesl Karlstadt in einem Rundfunkstudio als Moderatorin eine Absage spricht, gelingt es Karl Valentin, auf der Suche nach 25 Metern Antennendraht den Pförtner des Rundfunkhauses hinter sich zu lassen. Er vermutet, daß er den Draht im Senderaum findet – wo sollte man den Draht sonst versenden?

Eine Sendung ist kein Versand, und einen Hutständer gibt's auch nicht: ›Der Antennendraht‹

Sein Blick fällt dort auf eine Drahtrolle, und schon sind er und die Karlstadt im schönsten Disput. Sie versucht ihm vergeblich klarzumachen, daß zwischen einer Sendung und einem Versand ein himmelweiter Unterschied ist – hoffnungslos.

Da der Inspizient verschwunden ist, setzt sie den Eindringling als Geräuschemacher ein, damit er eine »Kleinigkeit am Tisch« mache. Valentin lehnt dies natürlich ab, ist aber dann doch bereit, die akustischen Effekte zu liefern, während ein Hofschauspieler Schillers »Die Glocke« rezitiert. Valentin unternimmt nun alles, um den feierlichen Vortrag zu sabotieren. Beim Stichwort »volksbelebt« murmelt er »Rabarberrhabarber ...«, schüttet bei Regen einen Maßkrug in einen Eimer, schreit »Mammaa«, als es heißt »Kinder jammern«, und sorgt für alle nur denkbar falschen Effekte. Die Karlstadt hindert per vorgehaltener Pistole den Schauspieler, seinen in Mitleidenschaft gezogenen Vortrag abzubrechen. Schließlich setzt Valentin eine Sirene in Gang, worauf nichts mehr vom Vortrag zu verstehen ist. Die Karlstadt teilt nun den Hörern mit, daß die Sendung abgebrochen werden müsse, weil der Inspizient verrückt geworden sei.

Opfer von Valentin sind in *Der Antennendraht* weniger die Zuhörer als die Kulturmenschen im Rundfunk, die in der Regel ihre weniger gebildeten Zuhörer zu Opfern machen. Also schickt Valentin einen dieser tumben Hörer in den Senderaum, damit er hier ganz unfreiwillig ein Chaos anrichten darf. Aus dem passiven Zuhörer wird einer, der sich den Gesetzen des Rundfunks anpassen soll. Ist der Mensch nun dumm, fragt Valentin, oder sind es die Regeln des Rundfunks? Egal, Valentin genießt geradezu seinen destruktiven Anarchismus, dem er hier freien Lauf lassen darf. Daß er diesen anarchischen Trieb in gemilderter Form auch an besonders kulturbeflissenen Zeitgenossen ausließ, schildert der Regisseur Raffé (Regisseur des verschollenen Valentin-Films *Der Kinematograph*). Seine Drehbuchbesprechungen habe Valentin nur bei Regen abgehalten, am liebsten auf der

Kein Schuß in den Ofen: ›Der Antennendraht‹

Theresienwiese unter einem Schirm, beschwerte sich Raffé noch nach langen Jahren. Was Valentin damit bezweckt hat, ist nicht ganz klar – möglicherweise konnte er sich so am besten gegen die Sprachgewandtheit des Regisseurs durchsetzen, da sein Gegenüber froh war, wenn er die Besprechung hinter sich hatte, und deshalb gezwungen war, auf Valentin besser einzugehen.

Zum Schluß ein Beruhigungsmittel

Der Sketch *In der Apotheke* (1941) ist Valentins und Liesl Karlstadts letzter gemeinsamer Film. Er wurde unter dem Titel *Tobis-Trichter. Volkshumor aus deutschen Gauen* ins Kino gebracht. Der Film wirkt wie ein harmloses Beruhigungsmittel, vergleicht man ihn etwa mit Meisterwerken wie *Der Firmling, Die Orchesterprobe* oder *Die Erbschaft*. Wohl nicht zuletzt wegen der allmächtigen Zensur und der Auflage, leichten Humor für das Kino der Kriegszeit zu produzieren, wurde auf Tiefgang keinen großen Wert gelegt. Valentin und Liesl Karlstadt sind in diesem verfilmten Bühnensketch großartig, doch dem Sketch fehlt viel von dem, was ihre große Leistung ausmacht. Man

Gleich legen sie das Wort »Ende«: die Komiker Adolf Gondrell, Weiß Ferdl und Karl Valentin

hätte ihnen einen Film zum Schluß gewünscht, in dem sie all ihr hintergründiges Können hätten beweisen können.

Der Film beginnt mit einer Alltagssituation in einer Apotheke: Valentin verlangt von der Apothekerin eine Arznei für ein sechs Monate altes Kind. Er hat weder ein Rezept, noch kann er sich an den Namen des Medikaments erinnern. Die hilfsbereite Apothekerin (Liesl Karlstadt) versucht ihm auf die Sprünge zu helfen und fragt, wie sich das Leiden äußert. Valentin stellt nun dar, wie er mit dem sechs Monate alten Baby kommuniziert, und beschwert sich, daß es nichts sagt: »Es ist so verstockt.«

Über das Stichwort »Beruhigungsmittel« stoßen sie endlich auf die gesuchte Arznei. Ihr Name ist ganz einfach (erfunden von Liesl Karlstadt):

Isopropilprophemilbarbitursauresphenildimethildimenthylaminophirazolon.

Nach dem Sketch legen die Münchner Komiker Valentin, Weiß Ferdl und Adolf Gondrell aus Buchstaben das Wort ENDE. Es dokumentiert zugleich das Ende von Valentins Filmzeit, das mit *In der Apotheke* zwar bis 1941 hinausgezögert worden, aber tatsächlich schon 1937 eingetreten war.

Kämpfe gegen das Vergessen

Die Zeiten ohne seine geliebte Filmarbeit, selbst den Krieg konnte Karl Valentin recht und schlecht überleben, doch was anschließend kam, das überlebte er nicht.
1940 zog er vom Münchner Stadtteil Lehel in sein Haus im Vorort Planegg. Mit dem Umzug wollte er vor allem Vorsorge gegen die Gefahr einer Bombardierung treffen. Tatsächlich wurde seine Stadtwohnung auch von einer Bombe getroffen.

Der letzte Auftritt: Karl Valentin in ›Der Tobis-Trichter‹

Mit dem Umzug schien München Karl Valentin mehr und mehr zu vergessen. Seine bissige und hintergründige Art des Humors war in der harten Kriegs- und Nachkriegszeit kaum mehr gefragt. Die Menschen wollten über leichtere Späße lachen als die, die ihnen Valentin servierte.
Valentin, der sich seine Rollen immer hatte aussuchen können, mußte sich nun mit bescheidenen Aufträgen zufriedengeben.
Valentin hatte sich bisher wenig Sorgen um seine oft angespannte wirtschaftliche Situation gemacht. Finanzielle Abenteuer, wie die Eröffnung eines Panoptikums, konnte er durch Filmaufträge decken, die bis 1936 für einen stetigen Gagenfluß sorgten. Dies änderte sich radikal durch das Verbot der *Erbschaft*. Die Produzenten wollten das wirtschaftliche Risiko weiterer Verbote nicht eingehen.
Als es zu Kriegsbeginn immer schwieriger für Valentin wurde, öffentlich aufzutreten, veröffentlichte er für ein karges Honorar in dem Propagandablatt »Feldpost« humorvolle Artikel, um sich finanziell über Wasser zu halten. Seine Beiträge waren durchaus kritisch und pazifistisch angelegt. Die Redaktion ging wohl nur das Risiko ein, sie zu drucken, weil allgemein bekannt war, daß Hitler Valentins Kunst auf der Bühne schätzte.
Politisch engagierte sich Valentin gegen die Naziherrschaft nicht, erlaubte sich allerdings den einen oder anderen populären Witz gegen das System. Etwa seinen Dachau-Witz: »Stell dir einen ganz großen Platz vor. Und um den großen Platz eine hohe, zwei Meter dicke Mauer. Und um die Mauer ein ganz tiefer Graben. Und um den Graben ein breiter, elektrisch geladener Stacheldrahtverhau. Und auf der Mauer stehen Maschinengewehre. Und zwischen diesen Maschinengewehren patrouillieren schwerbewaffnete SS-Männer. – Aber wenn ich will, komme ich doch hinein.«
Hitler kannte und schätzte Valentins Komik. Als Valentin 1937 einmal zufällig zu Besuch zu dem Fotografen Heinrich Hoffmann – Hitlers Leibfotograf – kam, war auch Hitler gerade da und zeigte sich von kleinen Stegreif-Gags

Valentins beeindruckt. Von Valentins Filmambitionen hielt er wenig – für ihn gehörte er auf die Bühne.
Valentins Verhältnis zu Hitler war recht ambivalent – seine Politik mochte er nicht, doch Hitlers Geburtstagskarte zum 60. Geburtstag im Jahr 1942 zeigte er stolz herum.

Der Sargtischler

Über Valentins Chuzpe gegenüber den Nazis, seine Konsequenz als Künstler und wie er sich in der Zeit bis zum Ende des Zweiten Weltkrieges durchgeschlagen hat, berichtet der Regisseur Herbert Seggelke, der 1944 Valentin für seinen Ufa-Kulturfilm *Die Kunst der Maske* vor die Kamera holen wollte. Als er ihn 1944 anrief, erklärte ihm Valentin kurz und bündig: »Ich mache erst wieder Filme, wenn die Amerikaner München besetzt haben.« Dennoch wollte er Seggelke in seinem Haus in Planegg empfangen. Auf die Frage, wo denn der Herr Valentin wohne, antwortete eine Anwohnerin: »Ach so, der Sargtischler.« Seggelke schloß daraus, daß sich Valentin wohl als Schreiner über Wasser gehalten hat.
In seiner Werkstatt zeigte ihm Valentin dann »die kleinste Holzbüchse der Welt«.
Auf das Anliegen von Seggelke ging Valentin nicht weiter ein und erklärte, daß bei der Ufa schon über ein Dutzend Drehbücher von ihm liegen würden. Nach München zu Dreharbeiten wollte er auch nicht kommen: »Da ist jedesmal Alarm, wenn ich eintreffe, und außerdem mag ich die Eisenbahn nicht.« Den Vorschlag, in Pasing (ein Vorort von München) zu drehen, nahm er an – jedoch wieder mit der Einschränkung, nicht vor Weihnachten, da er noch eine Menge Holzspielzeug zu reparieren habe. Dennoch glaubte Seggelke, daß er fest mit Valentin rechnen könne.
Er hatte jedoch die Rechnung ohne Valentin gemacht. Der schrieb ihm drei Tage später, daß er, Seggelke, erst noch mit seinem, Valentins, Agenten sprechen müsse, und fuhr im Zusatz fort: »Sie können zur Zeit nicht mit meinem Manager sprechen. Gauner haben ihn in eine Rotweinsache verwickelt.«
Statt mit Valentin drehte Seggelke mit Valentins Komiker-Kollegen Weiß Ferdl, der von Valentin schon vorgewarnt war.

Schreinerarbeiten ...

Als Regisseur Seggelke nach dem Krieg erneut Valentin auf eine Zusammenarbeit ansprach mit dem Hinweis, daß die Amerikaner nun wunschgemäß in München seien, erwiderte Valentin lakonisch: »Aber jetzt ist die Ufa weg.«
Seggelke traf Valentin Silvester 1946 oder 1947 im Neuen Simpl. Als er mit ihm um Mitternacht anstoßen wollte, war Valentin verschwunden. Ein Bekannter von Valentin klärte ihn auf: »In den letzten Minuten des Jahres geht er aufs Klo. Da sitzt er dann, bis sich der Vorschußjubel fürs neue Jahr gelegt hat.«
Vielleicht ahnte Valentin, daß es für ihn in Zukunft nicht mehr allzuviel zum Jubeln gab.

Es gibt ein Leben nach dem Tod

Nach dem Krieg hoffte Valentin vergeblich auf ein Comeback bei Film und Rundfunk. Sein Vorhaben, in München wieder eine Singspielhalle zu eröffnen, ließ sich aufgrund der Raumknappheit nicht realisieren. Ob dieses Unternehmen wirtschaftlich erfolgreich geworden wäre, sei dahingestellt. Ein unerfüllter Traum von ihm blieb es, ein Filmatelier zu errichten. Seinen hochfliegenden Plänen standen wenig Möglichkeiten der Realisierung gegenüber. Wie schwer es für ihn war, sich in der Nachkriegszeit durchzuschlagen, zeigt die Geste der Stadt München, ihn 1946 als Depotverwalter der Musikinstrumentensammlung des Stadtmuseums einzustellen. Nachdem er diese Arbeit verloren hatte, versuchte er seine Familie mit Tauschgeschäften zu ernähren und bot Metzgern im Gegenzug zu Naturalien selbstgemachte Kochlöffel oder Nudelwalker an. Der Münchner Schriftsteller Sigi Sommer schreibt hierzu, daß viele, die seine Not nicht kannten, dies für einen Valentin-Gag hielten. Für Valentin war es eine Frage des Überlebens, denn seine Kunst war nicht mehr gefragt und brachte auch kaum Geld.
Um neue Filmprojekte bemühte sich Valentin vergebens; auch beim Rundfunk hatte er trotz der Fürsprache von Freunden wenig Glück. Gegen Widerstände beim Sender konnte Kurt Wilhelm die Sendereihe »Es dreht sich um Karl Valentin« durchsetzen. Doch nach wenigen Monaten, auf Proteste der Hörer, die »wirklich was Lustiges« hören wollten, wurde die Reihe eingestellt.
Obwohl man Valentin gegenüber erklärte, daß dies die amerikanischen Besatzer veranlaßt hätten, ahnte er wohl die Wahrheit. Denn 1947 schreibt er in einem Brief an den Volksliedersammler Kiem Pauli: »Ich habe meine lieben Bayern und speziell meine lieben Münchner genau kennengelernt. Alle andern mit Ausnahme der Eskimos und der

Karl Valentin vor seinem Anwesen in Planegg

Indianer haben mehr Interesse an mir als meine ›Landsleute‹.«
Ende 1947 tritt er im Kabarett »Bunter Würfel« auf und im Januar 1948 zusammen mit Liesl Karlstadt im »Simpl«, danach noch mal im »Bunten Würfel«.
Entkräftet von einer schweren Erkältung, stirbt Karl Valentin am 9. Februar 1948 an einer Lungenentzündung.
Am Aschermittwoch 1948 wird er in Planegg bei München

beerdigt. Kein Vertreter seiner Heimatstadt München erweist bei der Beerdigung Karl Valentin die letzte Ehre. Vergessen ist er dennoch nicht.
Dank seiner Filme entdeckt jede Generation Karl Valentin neu für sich. Valentin hat recht behalten: Es gibt tatsächlich ein Leben nach dem Tode.
Für Karl Valentin im Kino.

Biographisches aus dem Leben von Karl Valentin

1882
4. Juni Geburt in München, Vater Valentin Fey, Mutter Maria Johanna, geb. Schatte

1888–1896
Schulbesuch in München

1897–1899
Lehre bei Schreinermeister Johann Hallhuber in Haidhausen

1902
Besuch der Münchner Varietéschule für drei Monate.
Im Oktober sieben Tage Auftritt im Nürnberger »Zeughaus«.
Durch Tod des Vaters wird er gezwungen, die Auftritte einzustellen und die väterliche Möbelspedition Falk & Fey zu übernehmen.

1905
19. Oktober Geburt der Tochter Gisela (gemeinsames Kind mit dem Dienstmädchen Gisela Royes)

1906
Valentin gibt die schlechtgehende Firma auf, überläßt seiner Mutter den Erlös und konstruiert sich ein Orchestrion aus fast 20 Instrumenten. Am 15. April wird das erste ortsfeste Münchner Kino in der Liebfrauen-Passage eröffnet.

1907
Valentin tingelt als Musik-Clown Charles Fey mit dem Orchestrion durch Deutschland, hat damit aber kein Glück. In München schlägt er sich mit Pfennigauftritten durch.

1908
Erste finanziell interessante Engagements in München im »Frankfurter Hof«.

1910
Lernt die Soubrette Elisabeth Wellano kennen und überredet sie, mit ihm aufzutreten. Erfindet für sie den Namen Liesl Karlstadt.
21. Oktober Geburt der zweiten Tochter, Berta

1911
Heirat mit Gisela Royes

1912
Valentin versucht sich am Platzl als Filmproduzent.

1913
Valentin und Liesl Karlstadt treten erstmals in der Parodie »Das Alpensängerterzett« auf.

1915
Valentin übernimmt die Direktion des Kabaretts »Wien-München« in München.

1919
Erste Zusammenarbeit mit Brecht

1923
Valentin tritt in den Münchner Kammerspielen auf; Gastspiele in Wien und Zürich.

1924/28/29/30
Auftritte in Berlin

1931
Eröffnung eines eigenen Theaters im Goethe-Saal an der Münchner Leopoldstraße, das bald wieder schließt, weil die

Behörden Schwierigkeiten machen. Valentin erleidet einen Nervenzusammenbruch.

1933
Wieder Gastspiel in Berlin

1934
Eröffnung und Schließung des Panoptikums in der Sonnenstraße

1935
Liesl Karlstadt erleidet einen Nervenzusammenbruch. Bruch zwischen Valentin und Karlstadt, die mit dem Panoptikum einen großen finanziellen Verlust erlitten hat. Ihre Rolle bei den Auftritten nimmt Annemarie Fischer ein.

1936
Gastspiel in Berlin.
Nach dem Verbot des Films *Die Erbschaft* bleiben Filmangebote aus.

1937
Zufällige Begegnung mit Hitler in der Wohnung von dessen Leibfotograf Heinrich Hoffmann in München

1939
In dem Varieté »Ritterspelunke«, Valentins Münchner Auftrittsort, wird jetzt auch das Panoptikum untergebracht.

1940
Valentin hält sich mit Textbeiträgen für die Zeitschrift »Münchener Feldpost« über Wasser. Schließung der »Ritterspelunke«.

1941
Valentin zieht nach Planegg bei München um.

1945/46
Mit selbstgemachten Haushaltsgegenständen aus Holz versucht Valentin Geld zu verdienen.

1946
Seine Rundfunkserie wird nach Protesten von Hörern, die etwas richtig Lustiges hören wollen, eingestellt.

1947/48
Zur Jahreswende tritt Valentin nach langer Pause im »Bunten Würfel« und im Schwabinger »Simpl« mit Liesl Karlstadt auf. Rundfunksendungen

9. Februar 1948
Karl Valentin stirbt an Auszehrung und Lungenentzündung.

Filmographie der vorhandenen Filme

Die Jahreszahlen beziehen sich auf das Herstellungsjahr.
Die Meterangaben orientieren sich an den Originalkopien bzw. an den heute verfügbaren Kopien.
Die zweite Angabe bei »Verleih« bedeutet nichtgewerblich.
Die Rubrik »Kopie« verweist auf vorhandene Kopien für filmhistorische Zwecke ohne Aufführungsrechte.

Karl Valentins Hochzeit (1912 oder 1913)
35 mm, stumm, 183 Meter
Produktion: Kopp Film
Regie: Ansfelder
Kamera: Pallatz

Darsteller:
Karl Valentin: Bräutigam
Georg Rückert: Braut, Frau Walzenberger
Liesl Karlstadt: Hochzeitsgast

Kopie: Filmmuseum im Münchner Stadtmusum

Von diesem Film existieren wahrscheinlich zwei Fassungen, die innerhalb eines Jahres entstanden sind.

Die lustigen Vagabunden (1913)
35 mm, stumm, 110 Meter
Produktion: Iris Film
Regie: Möllendorf und Elias (nicht eindeutig geklärt)
Drehbuch: Karl Valentin

Darsteller: Karl Valentin, Möllendorf, Elias

Kopie: Filmmuseum im Münchner Stadtmuseum

Der Kuß (Fragment, 1913)
Kein Titel vorhanden, 35 mm, stumm, blau getönt, 18 Meter

Darsteller: Karl Valentin, Liesl Karlstadt

›Die lustigen Vagabunden‹

Karl Valentin privat und im Atelier (ab 1913)
35 mm, stumm, 124 Meter
Diverse Privataufnahmen: Karl Valentin in seinem Filmatelier am Platzl in der Pfisterstraße 11.
Eine Filmprobe, aufgenommen mit einer Jupiterlampe (1914).
Karl Valentin mit Frau und Tochter und Herrn Otto Wenninger.
Probe in einem Filmatelier.
Der Einbrecher.
Karl Valentin mit Mutter und Karl Flemisch.
Karl Valentin in seinem Anwesen in Planegg.
Karl Valentins weißer Fox Bobsi.

Kopie: Münchner Stadtarchiv

Der neue Schreibtisch (1914/15)
35 mm, stumm, 209 Meter
Produktion: Peter Ostermeier
Drehbuch: Karl Valentin nach einem Münchner Bilderbogen von Emil Reinicke

Darsteller: Karl Valentin

Kopie: Filmmuseum im Münchner Stadtmuseum

Mysterien eines Frisiersalons (1922/23)
35 mm, stumm, 690 Meter
Regie: Erich Engel und Bertolt Brecht

Darsteller:
Blandine Ebinger: Frisiermamsel
Karl Valentin: Frisiergeselle
Erwin Faber: Professor Moras
Annemarie Hase: Moras' Geliebte
Kurt Horwitz: Geköpfter
Hans Leibelt: Frisiermeister
Carola Neher: Dame im Café
Josef Eichheim: Kunden
Liesl Karlstadt: Kunde
Otto Wernicke: Kunde
Max Schreck: Kunde

Kopie: Filmmuseum im Münchner Stadtmuseum

Karl Valentin und Liesl Karlstadt auf der Oktoberfestwiese
(1923)
35 mm, stumm, 299 Meter
Produktion: vermutlich Arnold & Richter GmbH
Regie: Vallé
Kamera: Hans Karl Gottschalk

Darsteller: Karl Valentin, Liesl Karlstadt, Hanna Lierke, Ludwig Wengg, Hans Schön-Matz

(Möglicherweise Ausschnitt eines Oktoberfestfilms von 1921, Regie Josef Schmidt)

Kopie: Filmmuseum im Münchner Stadtmuseum

Mit dem Fremdenwagen durch München (1929)
35 mm, stumm, 35 Meter

Darsteller:
Karl Valentin: erster Erklärer
Liesl Karlstadt: zweiter Erklärer
Ludwig Rankl: Fremdenautoführer

Einleitungs- und Schlußfilm zu dem Dialog »Fremdenrundfahrt«

Kopie: Münchner Stadtarchiv

Karl Valentin und Liesl Karlstadt
35 mm, stumm, 20 Meter
Porträtaufnahmen

Der Sonderling (1929)
35 mm, stumm, 2506 Meter, 88 Minuten
Produktion: Union-Film Companie, München
Produzenten: Franz Osten/Walter Jerven
Regie und Drehbuch: Walter Jerven
Kamera: Hans Karl Gottschalk
Bauten: Peter Rochelsberg
Atelier: Bavaria-Atelier München

Darsteller:
Karl Valentin: Schneidergeselle
Liesl Karlstadt: Frau Paula Kuhn
Truus van Alten: Anni, ihre Nichte
Ferdinand Martini: Schneidermeister Friedrich Kuhn
Heinz Koennecke: Herr Lechner, Annis Verehrer
Gustl Stark-Gstettenbauer: Uhrmacherlehrling Toni
In weiteren Rollen: Otto Welte, Karl Raab, Ulrich Verden, Georg Rückert

Kopie: Filmmuseum im Münchner Stadtmuseum

›Mit dem Fremdenwagen durch München‹

Der Feuerwehrtrompeter (1929/30)
35 mm, stumm, 101 Meter

Kopie: Münchner Stadtarchiv

Karl Valentin als Musical-Clown (1929/30)
35 mm, stumm, 164 Meter
Nach den Szenen »Die verhexten Notenständer« und »Die Orchesterprobe« (Schlußszenen)

Kopie: Filmmuseum im Münchner Stadtmuseum

Die verkaufte Braut (1932)
35 mm, Tonfilm, 2115 Meter
Produktion: Reichsliga Film GmbH

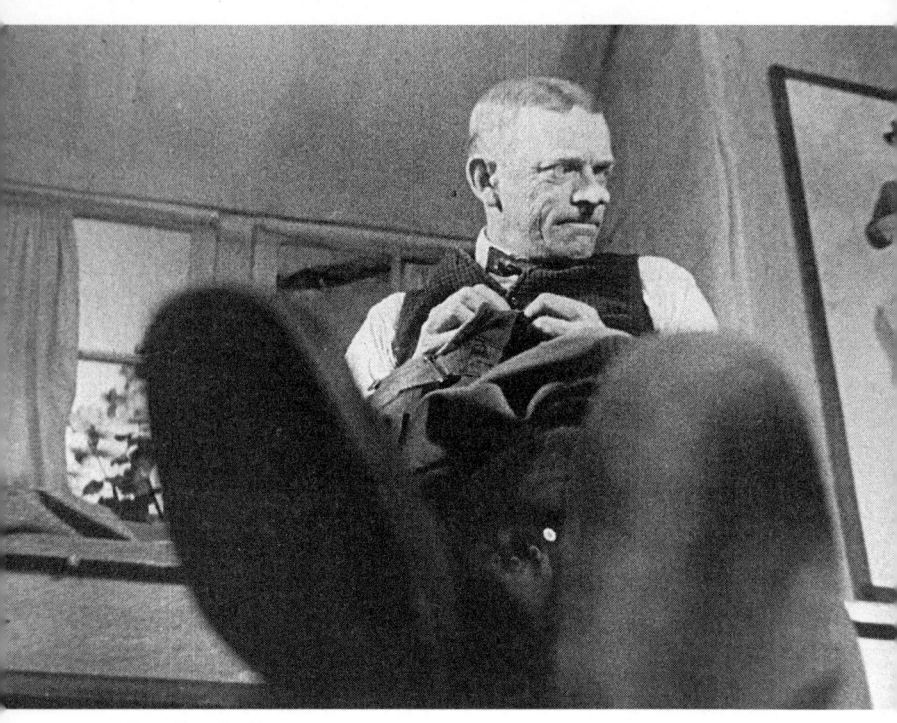

›Der Sonderling‹

Regie: Max Ophüls
Drehbuch: Curt Alexander (nach Smetanas Komischer Oper)
Musik: Theo Mackeben
Gesangstexte: Robert Vambery
Kamera: Reimar Kuntze, Franz Koch, Herbert Illig, Otto Mirsching
Ton: Friedrich Wilhelm Dustmann
Bauten und Kostüme: Erwin Scharf

Darsteller:
Max Nadler: Bürgermeister
Jarmila Novotna: Marie, seine Tochter
Hermann Kner: Micha
Maria Janowska: Frau Micha

Paul Kemp: Wenzel, ihr Sohn
Willy Domgraf-Faßbaender: Hans
Otto Wernicke: Kezal
Karl Valentin: Zirkusdirektor Brummer
Liesl Karlstadt: Frau Brummer
Annemarie Soerensen: Esmeralda, ihre Pflegetochter
Kurt Horwitz: Moritatensänger
Therese Giehse: Ansagerin

Kopie: Filmmuseum im Münchner Stadtmuseum

Im Fotoatelier (1932)
35 mm, Tonfilm, 790/767 Meter
Produktion: Reichsliga Film GmbH
Regie: Karl Ritter
Drehbuch: Karl Valentin
Kamera: Gustav Weiss
Musik: Karl Bergner
Ton: Karl-Albert Keller
Schnitt: Heinz Ritter
Tonsystem: Tobis-Klangfilm
Atelier: Geiselgasteig

Darsteller: Karl Valentin, Liesl Karlstadt

Kopie: Filmmuseum im Münchner Stadtmuseum

Orchesterprobe (1933)
35 mm, Tonfilm, 622/608 Meter
Produktion: Ondra-Lamac Film GmbH
Regie: Carl Lamac
Drehbuch: Karl Valentin, Liesl Karlstadt
(nach den Episoden »Das komische Orchester«, »Theater in der Vorstadt«, »Hoffmanns Erzählungen«, »Der Zufall« und »Dichter und Bauer« des Stückes »Tingeltangel«)
Atelier: Geiselgasteig

Darsteller:
Karl Valentin: Trompeter und Geiger

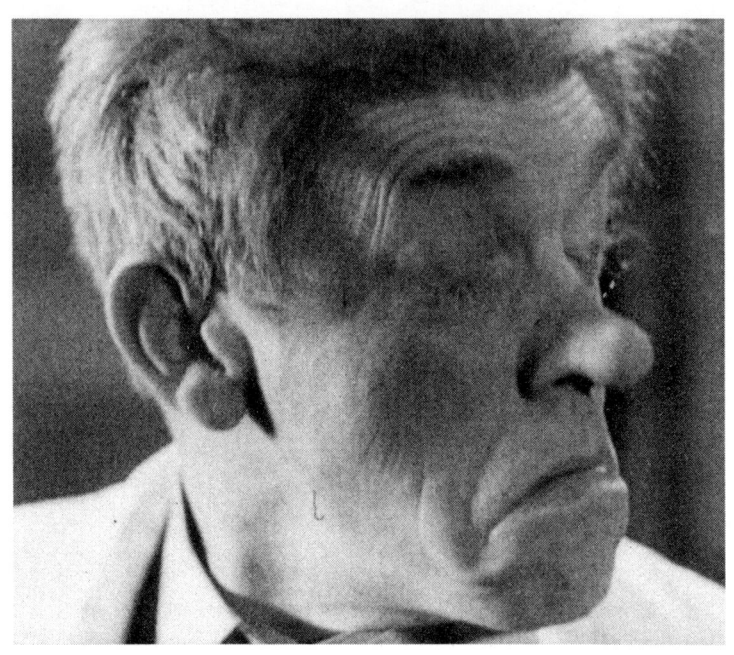

›*Im Fotoatelier*‹

Liesl Karlstadt: Kapellmeister
Josef Eichheim

Rechte: Taurus Film
Verleih: Kinowelt (Atlas 16 mm, 242 Meter)
Videovertrieb: Atlas/2001
Kopie: Filmmuseum im Münchner Stadtmuseum

Es knallt (1933/34)
35 mm, Tonfilm, 576/509 Meter
Produktion: Bavaria Film AG
Regie: Helmut O. Kaps
Kamera: Gustav Weiss
Musik: Hans Carste
Ton: Karl Albert Keller
Schnitt: Gottlieb Madl

Tonsystem: Tobis-Klangfilm
Atelier: Geiselgasteig

Darsteller:
Karl Valentin: Kunstschütze Fürst
Liesl Karlstadt: Wirtin
Adele Sandrock: Heiratsvermittlerin Frau von Gobelinski
Josef Eichheim: ihr Gehilfe, Herr Schwalbe
Fee von Reichlin: Miß Mable
Rechte: Taurus Film
Verleih: -/Atlas 16 mm, 220 Meter
Kopie: Filmmuseum im Münchner Stadtmuseum

Der Theaterbesuch (1934)
35 mm, Tonfilm, 673 Meter
Produktion: Bavaria Film AG
Regie: Joe Stöckel (Stöckl)
Drehbuch: nach der Originalszene von Karl Valentin und Liesl Karlstadt
Kamera: Franz Koch
Musik: Toni Thomas
Ton: Karl Albert Keller
Darsteller: Karl Valentin, Liesl Karlstadt
Rechte: Taurus Film
Verleih: Kinowelt/Atlas 16 mm, 277 Meter
Videovertrieb: Atlas/2001
Kopie: Filmmuseum im Münchner Stadtmuseum

Im Schallplattenladen (1934)
35 mm, Tonfilm, 528/523 Meter
Produktion: Ondra-Lamac Film GmbH
Regie: Hans H. Zerlett
Drehbuch: nach einer Originalszene von Karl Valentin und Liesl Karlstadt
Ton: F. W. Dustmann
Schnitt: Ella Ensink
Tonsystem: Tobis-Klangfilm
Atelier: Geiselgasteig

›Der Theaterbesuch‹

Darsteller:
Karl Valentin: Kunde
Liesl Karlstadt: Verkäuferin
Elisabeth Papperlitz

Rechte: Taurus Film
Verleih: Kinowelt/Atlas 16 mm, 207 Meter
Videovertrieb: Atlas/2001
Kopie: Filmmuseum im Münchner Stadtmuseum

Der verhexte Scheinwerfer (1934)
35 mm, Tonfilm, 574/557 Meter
Produktion: Ondra-Lamac Film GmbH
Regie: Carl Lamac
Drehbuch: nach der Originalszene von Karl Valentin

Kamera: Ludwig Zahn
Musik: Leo Leux
Ton: F. W. Dustmann
Tonschnitt: Ella Ensink
Tonsystem: Tobis-Klangfilm
Darsteller:
Karl Valentin: Elektriker
Liesl Karlstadt: Lehrling
O. E. Hasse: Geschäftsführer

Rechte: Taurus Film
Verleih: Kinowelt/Atlas 16 mm, 222 Meter
Videovertrieb: Atlas/2001
Kopie: Filmmuseum im Münchner Stadtmuseum

So ein Theater (1934)
35 mm, Tonfilm, 332 Meter
Produktion: Ondra-Lamac Film GmbH
Regie: Carl Lamac
Drehbuch: nach der Originalszene von Karl Valentin
Kamera: Ludwig Zahn
Musik: Leo Leux
Ton: F. W. Dustmann
Tonschnitt: Ella Ensink
Tonsystem: Tobis-Klangfilm

Darsteller:
Karl Valentin: Geiger
Liesl Karlstadt: Kapellmeister

Rechte: Taurus Film
Verleih: Kinowelt/Atlas 16 mm, 132 Meter
Videovertrieb: Atlas/2001
Kopie: Filmmuseum im Münchner Stadtmuseum

Der Firmling (1934)
35 mm, Tonfilm, 651/617 Meter
Produktion: Arya-Film GmbH
Drehbuch: nach Karl Valentin und Liesl Karlstadt

Darsteller:
Karl Valentin: Vater
Liesl Karlstadt: Firmling

Rechte: Taurus Video
Verleih: Kinowelt/Atlas 16 mm, 253 Meter
Videovertrieb: Atlas/2001
Kopie: Filmmuseum im Münchner Stadtmuseum

Der Zithervirtuose (1935)
35 mm, Tonfilm, 356 Meter
Produktion: Arnold & Richter GmbH
Regie: Franz Seitz
Drehbuch: nach der Originalszene von Karl Valentin

Darsteller:
Karl Valentin: Zithervirtuose
Adolf Gondrell: Ansager

Rechte: Arnold & Richter
Verleih: Kinowelt/Atlas 16 mm, 92 Meter
Videovertrieb: Atlas/2001
Kopie: Filmmuseum im Münchner Stadtmuseum, 230 Meter

Kirschen in Nachbars Garten (1935)
35 mm, Tonfilm, 2553 Meter
Produktion: Terra-Titania
Regie: Erich Engels
Drehbuch: Erich Engels, Reinhold Bernt, Gernot Bock-Stieber
Kamera: E. W. Fiedler
Bauten: Heinrich Richter, Paul Markwitz
Musik: Werner Bochmann
Tonsystem: Tobis Klangfilm
Darsteller:
Adele Sandrock: Adele Hecht
Theo Shall: Theo, ihr Neffe
Liesl Karlstadt: Liesl, ihre Magd
Max Gülstorff: Hofrat a. D. Warrenheim

Iris Arlan: Hansi, seine Tochter
Karl Valentin: Valentin, sein Gärtner
Reinhold Bernt: Gottfried Berger, Theos Freund
Rotraut Richter: Irma Fiedler
Albert Florath: Anton Huber, Lehrer
Geschwister Höpfner: das Tanzpaar

Rechte: ProFilm
Videovertrieb: atlas Video
Kopie: Filmmuseum im Münchner Stadtmuseum

Beim Nervenarzt oder Kalte Füße (1936)
35 mm, Tonfilm, 472 Meter
Produktion: Arnold & Richter GmbH
Regisseur: Erich Engels
Drehbuch: Erich Engels, Reinhold Bernt
Kamera: E. W. Fiedler
Ton: Ferdinand Haubmann
Musik: Niko Perreiter
Tonsystem: Tobis Klangfilm

Darsteller:
Karl Valentin: Herr Meier, Patient
Liesl Karlstadt: Nervenarzt, Bäcker, Ober
Reinhold Bernt

Rechte: Arnold & Richter
Verleih: Kinowelt/Atlas, 16 mm, Tonfilm, 204 Meter
Videovertrieb: Atlas/2001
Kopie: Filmmuseum im Münchner Stadtmuseum

Die karierte Weste (1936)
35 mm, Tonfilm, 476 Meter
Produktion: Arnold & Richter GmbH
Regie: Erich Engels
Drehbuch: Erich Engels, Reinhold Bernt
Kamera: E. W. Fiedler
Musik: Niko Perreiter

Ton: Ferdinand Haubmann
Atelier: Arnold & Richter

Darsteller:
Karl Valentin: Herr Pechkopf
Liesl Karlstadt: Frau Pechkopf
Reinhold Bernt: Kunde

Kopie: Filmmuseum im Münchner Stadtmuseum

Beim Rechtsanwalt (1936)
35 mm, Tonfilm, 506 Meter
Produktion: Arnold & Richter GmbH
Regie: Erich Engels
Drehbuch: Erich Engels, Reinhold Bernt nach einer Originalszene von Karl Valentin
Kamera: E. W. Fiedler
Musik: Niko Perreiter
Ton: Ferdinand Haubmann
Atelier: Arnold & Richter

Darsteller:
Karl Valentin: der Besucher
Liesl Karlstadt: sein Sohn
Reinhold Bernt: Rechtsanwalt

Kopie: Filmmuseum im Münchner Stadtmuseum, 472 Meter

Musik zu zweien (1936)
35 mm, Tonfilm, 440 Meter
Produktion: Arnold & Richter GmbH
Regie: Erich Engels
Drehbuch: nach dem Stück »Die verhexten Notenständer« von Karl Valentin und Liesl Karlstadt
Kamera: Edgar S. Ziesemer
Musik: Fred Alwe
Bauten: Peter Rochelsberg
Tonsystem: Tobis Klangfilm

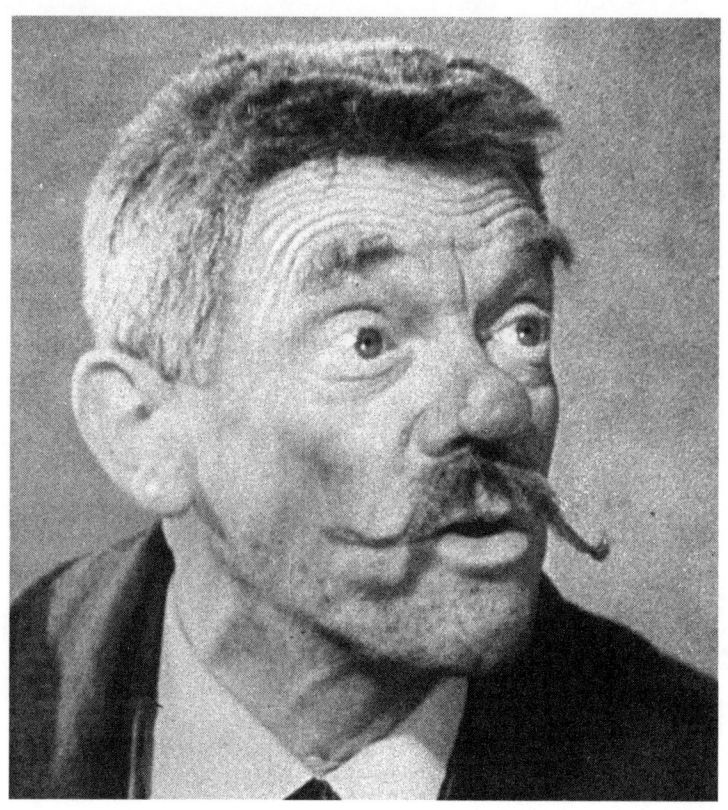

›Beim Rechtsanwalt‹

Darsteller:
Karl Valentin: Musikclown
Liesl Karlstadt: Musikclown
Reinhold Bernt: Direktor
Josef Rankl: Bühnenmeister
Tänzerinnen der Ballettschule Nellenberg

Rechte: Taurus Film
Verleih: Kinowelt/Atlas, 16 mm, 174 Meter
Videovertrieb: Atlas/2001

Kopie: Filmmuseum im Münchner Stadtmuseum

Ein verhängnisvolles Geigensolo (1936)
35 mm, Tonfilm, 540 Meter
Produktion: Rolf Raffé, Arnold & Richter GmbH
Regie: Rolf Raffé
Drehbuch: Rolf Raffé nach einer Originalszene von Karl Valentin
Kamera: Josef Illig
Ton: Ferdinand Haubmann
Tonsystem: Tobis Klangfilm
Atelier: Arnold & Richter

Darsteller: Karl Valentin, Liesl Karlstadt, Max Moll

Rechte: Taurus Video
Verleih: Kinowelt/Atlas, 16 mm, 212 Meter
Videovertrieb: Atlas/2001
Kopie: Filmmuseum im Münchner Stadtmuseum

Straßenmusik (1936)
35 mm, Tonfilm, 2538 Meter
Produktion: Bavaria
Produktionsleitung: O. W. Lubit
Regie: Hans Deppe
Drehbuch: Walter Gronostay nach dem Stück von Paul Schurek
Kamera: Franz Koch
Ton: K. A. Keller
Schnitt: Gottlieb Madl
Bauten: Max Seefelder
Musik: Walter Gronostay
Tonsystem: Tobis Klangfilm

Darsteller:
Jessie Vihrog: Grete Witt
Ernst Legal, Fritz Genschow, Hans Deppe: drei Straßenmusikanten
Fita Benkoff: Witwe Hilde Neumann
Karl Valentin: Kürassier Otto
Liesl Karlstadt: seine Frau

›*Ein verhängnisvolles Geigensolo*‹

Otto Wernicke, Alfons Täuber, Else Reval, Ernst Fritz Fürbringer, Josef Eichheim, Wilhelm Holsboer, Ernst Martens, Walter Hotten und Hans Kraft

Kopie: Filmmuseum im Münchner Stadtmuseum

Donner, Blitz und Sonnenschein (1936)
35 mm, Tonfilm, 2414 Meter
Produktion: Neue Film-Kommanditgesellschaft
Produktionsleitung: Otto Jahn
Regie: Erich Engels
Drehbuch: Max Neal, Erich Engels nach dem Schwank »Der

Hunderter im Westentaschl« von Max Neal und Max Ferner
Kamera: Edgar Ziesemer
Ton: Martin Müller
Schnitt: Johanna Schmidt
Musik: Werner Bochmann
Bauten: Heinrich Richter, Paul Markwitz
Tonsystem: Tobis Klangfilm

Darsteller:
Karl Valentin: Schneidermeister Sebastian Huckebein
Liesl Karlstadt: Barbara, seine Frau
Ilse Petry: Evi, ihre Tochter
Reinhold Bernt: Schneidergeselle Franzl
Hans Leibelt: Jacob Greizinger
Volker von Collande: Andreas, sein Sohn
Albert Florath: Paul Huberding, Gastwirt
Käthe Haack: Walli, seine Frau
Käthe Merk: Rosa, beider Nichte
Aribert Wäscher: Sonnweber, Tanzlehrer
Gerhard Bienert: Inspektor Poppe
Martha Ziegler: Moni, Wirtschafterin bei Greizinger
Lucie Euler, Hanni Weiße, Ilse Rose-Vollborn, Walter Dörry
und das Tanzpaar Hans Weidecker und Sylvia Prillinger

Rechte: Pro Film
Verleih: endfilm
Videovertrieb: atlas Video
Kopie: Filmmuseum im Münchner Stadtmuseum

Die Erbschaft (1936)
35 mm, Tonfilm, 575 Meter
Produktion: Bavaria
Regie: Jacob Geis
Drehbuch: Jacob Geis nach einer Idee von Karl Valentin
Kamera: Josef Illig
Ton: K. A. Keller
Schnitt: Gottlieb Madl
Tonsystem: Tobis Klangfilm

›Donner, Blitz und Sonnenschein‹

Darsteller: Karl Valentin, Liesl Karlstadt, Justus Paris, Hans Kraft, H. B. Benedikt, Georg Holl und Lothar Mayring

Rechte: Taurus Film
Verleih: Kinowelt
Kopie: Filmmuseum im Münchner Stadtmuseum

Ewig dein (Fragment, 1937)
35 mm, Tonfilm, 555 Meter/58 Meter erhalten
Produktion: Arnold & Richter
Regie: Erich Engels
Drehbuch: nach dem Bühnenstück von Ferner & Neal
Kamera: Edgar Ziesemer
Ton: Ferdinand Haubmann

Darsteller: Karl Valentin, Liesl Karlstadt, Philipp

›Die Erbschaft‹

Weichandt, Irene Kohl, Otto Brüggemann, Franz Loskan, Erika Fischer, Carmen Becker

Kopie: Münchner Stadtarchiv

Der Antennendraht / Im Senderaum (1937)
35 mm, Tonfilm, 533 Meter
Produktion: Arnold & Richter GmbH
Regie: Joe Stöckel
Kamera: Karl Attenberger
Tonsystem: Tobis Klangfilm

Darsteller:
Karl Valentin: Eindringling

Liesl Karlstadt: Die Ansagerin
Joe Stöckel

Rechte: Taurus Film
Verleih: Kinowelt/Atlas, 16 mm, 209 Meter
Videovertrieb: Atlas/2001
Kopie: Filmmuseum im Münchner Stadtmuseum

Selbst Valentin macht mit und **Nur nicht drängeln**
(Sparkassen-Werbefilme 1937/38)
35 mm, Tonfilm, 72 und 73 Meter
Produktion: Tiller Film im Auftrag der Deutschen Sparkasse
Regie: Carl Heinz Wolff
Darsteller: Karl Valentin, Liesl Karlstadt
Kopie: Filmmuseum im Münchner Stadtmuseum

München (1938)
35 mm, Tonfilm, 835 Meter
Produktion: Bavaria Filmkunst
Regie: Ulrich Kayser
Drehbuch: Hans Wiedmann
Kamera: Heinz Schnackertz
Musik: Richard Strauß, Carl Ehrenberg
Tonsystem: Tobis-Klangfilm

Dieser Kulturfilm über München enthält einen kurzen Auftritt von Karl Valentin aus »Nacht der Amazonen«, einer Variation des »Spritzbrunnenaufdrehers«
(Länge 12 Meter).

Kopie: Filmmuseum im Münchner Stadtmuseum

Der Tobis-Trichter – Volkshumor aus deutschen Gauen
(1941)
35 mm, Tonfilm, 468 Meter
IN DER APOTHEKE: 100 Meter
Regie: Hans Albin

Darsteller: Adolf Gondrell, Karl Valentin, Liesl Karlstadt, Weiß Ferdl

Der Film enthält den abgefilmten Bühnenauftritt von Karl Valentin und Liesl Karlstadt »In der Apotheke«. Zum Schluß werden Valentin, Gondrell und Weiß Ferdl zusammen an einem Wirtshaustisch gezeigt.

IN DER APOTHEKE
Rechte: Taurus Film
Verleih: Kinowelt/Atlas 16 mm
Videovertrieb: Atlas/2001
Kopie: Filmmuseum im Münchner Stadtmuseum

Verschollene Filme

Der Einbrecher (1914)

Erbsen mit Speck oder Ein Teller Erbsensuppe (nach 1914)

Karl Valentin auf der Wiese / Karl Valentins Oktoberwiese / Karl Valentin auf der Festwiese (1914/15)

Der Kinematograph (1920)
Regie: Robert Raffé
Darsteller: Karl Valentin, August Junker, Alois Höhnle

Zirkus Schnabelmann (1920/21)
Buch: Toni Attenberger
Kamera: Karl Attenberger
Atelier: Weißblau Film Atelier
Darsteller: Karl Valentin, August Junker

Der dritte Schlüssel (1920/21)
Regie: August Weigert
Atelier: Geiselgasteig

Drei Stunden im Himmel (1921)

Die Schönheitskonkurrenz oder: Das Urteil des Paris
35 mm, stumm, 1131 Meter
Produktion: Monumental-Filmwerke
Regie: Rudolf Reinert

›Im Schallplattenladen‹

Kamera: Helmar Lerski
Atelier: wahrscheinlich Geiselgasteig
Darsteller: Karl Valentin, Josef Eichheim, Liesl Karlstadt

Film mit Ernst Udet (1920/22)
Regie: Mennert, Könen
Atelier: Trafilko-Atelier, Nymphenburg

Verfilmte Anekdote von Rolf Raffé (1920/22)
Regie: Rolf Raffé

Die harten Köpfe (1922/23)
Regie: Reiner oder Robert Reinert
Kamera: Karl Attenberger
Atelier: Trafilko-Atelier, Nymphenburg

Karl Valentin und Liesl Karlstadt auf der Oktoberwiese (1923)
(erste Fassung)

Orchester und Fliegerszenen (1923)

Orchesterszene und Opel (1928)

Schreinerwerkstätte (1928/29)

Valentins Wochenschau / Valentins humoristische Wochenschau (1929)
Wochenschau von Karl Valentin und Liesl Karlstadt

Mondflug und Raketenflugzeug (1929)

Fernkino (1929)

Der verhexte Notenständer (1929)
35 mm, Tonfilm, 470 Meter
Produktion: Tonbild-Syndikat

Snip, der springende Punkt (1929)

Der Geizhals oder Der Geizige (1934)
35 mm, Tonfilm, 597 Meter
Produktion: Bavaria Film AG
Regie: Franz Seitz
Musik: Toni Thomas
Atelier: Geiselgasteig

Der Bittsteller (1936, als Fragment vorhanden)
35 mm, Tonfilm, 419 Meter

Produktion: Arnold & Richter GmbH
Regie: Erich Engels
Drehbuch: Erich Engels, Reinhold Bernt
Atelier: Arri

Darsteller:
Karl Valentin: Brandstetter
Liesl Karlstadt: Kommerzienrat
Reinhold Bernt: Diener
Lydia Methner

Der Film wurde erst 1938 der Zensur vorgelegt.

Kohlenreklame (1937)
Produktion für das Braunkohlensyndikat

Register

Kursivierte Seitenzahlen verweisen auf Bildlegenden

A

Achternbusch, Herbert 30, 84
Albers, Hans 143
Der Antennendraht 144ff, 148f, *148, 150*

B

Badenhausen, Rolf 56
Beckett, Samuel 18
Beim Nervenarzt 31, 38, 43, 106, 127, *128,* 130
Beim Rechtsanwalt 94, *131f,* 131, *179*
Bernbichler (Münchner Kaufmann) 21
Bernt, Reinhold 130
Bierkampf 84
Der Bittsteller 144, 146
Blei, Franz 16
Brandlmeier, Thomas 9
Brecht, Bertolt 7, 14, 26, 43, 45, 47, 49, 75ff, 79, 143
Buñuel, Luis 77

C

Caruso, Enrico de 108
Chaplin, Charlie 7, 20, 32f, 52, 62, 79
Collande, Volker von 141

D

Deppe, Hans 137
Dichter und Bauer 60, 97
Donner, Blitz und Sonnenschein 139, 141, *139f, 183*
Drei Stunden im Himmel 81f

E

Ebinger, Blandine 76
Eichheim, Josef 77
Der Einbrecher 23, 74
Engels, Erich (Regisseur) 23f, 43, 57ff, 75, 123f, 126, 130f, 139, 141, 145
Engel, Erich 75f, 127
Die Erbschaft 12, 18, 117, 120, 130, 142–146, *142, 144, 146,* 151, 154, *184*
Erbsen mit Speck/Ein Teller Erbsensuppe 21, 88, 72
Erlacher, Franz 35, 37
Es knallt 12, 13, 100fl, *101,* 126
Ewig Dein 145f

F

Faber, Erwin 76f
Falk, Karl 28
Ferner, Max 139
Fernkino 81
Fette, Gunther 19, 56
Feuchtwanger, Lion 7, 9
Der Feuerwehrtrompeter 80, 81
Fey, Berta (Tochter) *23,* 38, 65
Fey, Gisela (Tochter) 38
Fey, Gisela geb. Royes 38, 40

Fey, Johann Valentin (Vater) 28
Fey, Elisabeth 28
Fey, Maria Johanna (Mutter) 28, *29*
Fiehler (Oberbürgermeister) 55, 147
Der Firmling 12, 14, 35, 60, 117, *117f,* 120, *120, 125,* 145, 151
Fischer, Annemarie 43
Flemisch, Karl *29*

G

Geis, Jacob 143
Geis, Jakob (Papa) 143
Der Geizhals 145
Genschow, Fritz 137
Gersch, Wolfgang 75
Goessel, Susanne von 45
Gondrell, Adolf 44, 121, *151,* 152
Graf, Oskar Maria 14
Griner, Erich 58f

H

Haack, Käthe 141
Hallhuber (Möbelschreiner) 34
Die harten Köpfe 81
Hasse, O. E. 48
Hebbel, Friedrich 48
Hieber, Max 33
Hitler, Adolf 18, 66, 154f
Hoffmann, Heinrich 66, 154
»Hoffmanns Erzählungen« (Theatersketch) 97
Horwitz, Kurt 76f

I

Im Fotoatelier 92–95, *93ff, 172*
Im Schallplattenladen 9, 94, 107, *108, 187*
Im Senderaum 145
In der Apotheke 44, 151f

J

Jerven, Walter 85, 88
»Die Jugendstreiche des Knaben Karl« (Buchtitel) 21, 27f, 32, 41, 43, 71, 144

K

Kalte Füße 127
Kandinsky, Wassily 45
Kaps, Helmut O. 100
Karasek, Hellmuth 14
Die karierte Weste 130
Karl Valentin als Musical-Clown (Orchesterprobe/Der Zithervirtuose) 85
Karl Valentin auf der Wiese/Karl Valentins Oktoberfestwiese/Karl Valentin auf der Festwiese 11, 74, 82f, *83f*
Karl Valentins Hochzeit 21, 23, *37,* 38, *67,* 68
Karlstadt, Liesl (d. i. Elisabeth Wellano) 19, 25, *36,* 38f, *40,* 41, *42,* 43f, *44,* 48f, 52ff, 56f, 59f, 77, 82–85, 87, *88,* 90, 92, 94ff, 100, 104–107, 110, 113, 117ff, *120,* 123f, 127–131, 134, 136f, *138,* 141ff, 145, 148f, 151f, 159
Keaton, Buster 7, 16

Kerr, Alfred 8
Kiem, Pauli 158
Der Kinematograph 149
Kirschen in Nachbars Garten 43, 56, 58, 123f, 126
Kistner, Bernhard 59
Die kleinen Strolche (US-Serie) 27
»Das komische Orchester« (Theatersketch) 97
König, Hannes 57
Kurowski, Ulrich 75, 77, 145
Der Kuß 68

L

Legal, Ernst 137
Leibelt, Hans 76f, 141
Lincke, Paul 43
Linksherumdenker 19
Die lustigen Vagabunden 7, 68f, *70, 166*

M

Macke, August 45
Mann, Thomas 45
Marc, Franz 45
Maxstadt, Karl 33
Mit dem Fremdenwagen durch München 52, *53,* 85, *169*
Mondflug und Raketenflugzeug 81
München 147
Musik zu zweien 54, 134, *134,* 136, 144
Mysterien eines Frisiersalons 47, 71, 75, *76,* 77–80, *78,* 94, 127

N

Nacht der Amazonen 147
Neal, Max 139
Neher, Carola 76f
Nestroy, Johann 14
Der neue Schreibtisch 21, *34,* 70f, *72f,* 88
Niessen, Carl 66

O

Ophüls, Max 17, 23f, 35, 59, 65, 90
»Orchesterprobe« (Theatersketch) 96
Die Orchesterprobe 42, 42, 49, 85, *89,* 94, *96,* 113, 151
Osten, Franz 88
Ostermeier, Peter 21, 71f, 88

P

Pflaum, Hans Günther 124, 126
Preis, Kurt 147

R

Raffé, Robert 149f
Rankl, Josef 51
»Die Raubritter vor München« (Komödie) 49, 127
Raupach, Ernst 47f
Reichlin, Fee von 100
Reinert, Robert 81
Reinicke, Emil 71
Reiser, Hans 60
Ringelnatz, Joachim 45
Ritter Unkenstein 43

»Ritterspelunke« (Theater Valentins) 54
Rückert, Georg 68

S

Sandrock, Adele 13, 100f, 124ff
Scher, Peter 62
Scheugl, Hans 69, 96
Schiller, Friedrich 149
Schmidt, Ernst 69
Schmidt, Erwin 96
Schmidt, Josef 82
Die Schönheitskonkurrenz 81
Schreinerwerkstätte 81
Schulte, Michael 29
Schurek, Paul 137
Schweikart, Hans 147
Seeßlen, Georg 104
Seggelke, Herbert 156f
Seitz, Franz 27
Seitz, Franz sen. 121
Smetana, Friedrich 90
Snip, der springende Punkt 81
»So ein Theater« (Theatersketch) 96
So ein Theater 113, *114,* 115, *116*
Sommer, Sigi 51, 158
Der Sonderling 57, 62ff, 80f, 85f, *88,* 120, 140, *170*
Straßenmusik 36, *60,* 137, *138,* 145

T

»Theater in der Vorstadt« (Theatersketch) 97
Der Theaterbesuch 12, 94, *103,* 104, *105, 174*
»Tingeltangel« (Theater Valentins) 52
»Tingeltangel« (Theatersketch) 97
Der Tobis-Trichter 151, *153*
Tucholsky, Kurt 7f, 18, 25, 45, 97, 114f

U

Udet, Ernst 81
Ulrich, Jörg 124
Das Urteil des Paris 81

V

Valentins humoristische Wochenschau 81
Varieté 143
Ein verhängnisvolles Geigensolo 136, *137, 181*
Der verhexte Notenständer 81
Der verhexte Scheinwerfer 13, 95, 110, *110,* 112
Die verkaufte Braut 17, 24, 56, 59, 65, 90

W

Wedekind, Frank 45
Wegmann (Direktorin der »Ritterspelunke«) 58
Weiß Ferdl *151,* 152, 156
Wellano, Elisabeth s. Liesl Karlstadt
Wenninger, Otto 23
Wernicke, Otto 77
»Wie ich Volkssänger wurde« 33, 36, 50
Wilhelm, Kurt 158
Winterstein, Axel 86

Z

Der Zithervirtuose 85, 121, *121*
»Der Zufall« (Theatersketch) 97